Vertiefen Wie kannst du Gelerntes anwenden und besser verstehen?

Seite 10

1 Zerlegen verstehen

a) 6 = 4 ⊕ 4
Die Figur hat insgesamt 6 Ecken und wird aufgeteilt in zwei Figuren, jede mit 4 Ecken.

b) Mögliche Erklärung: Wenn man die Figur in zwei Figuren aufteilt, entstehen immer zwei neue Ecken. Wenn man die Figur mit einer gestrichelten Linie zerlegt, entsteht in jeder Ecke, durch die diese gestrichelte Linie führt, eine weitere (zweite) Ecke. Da die gestrichelte Linie die Figur in zwei Ecken berührt, gibt es insgesamt zwei Ecken mehr.

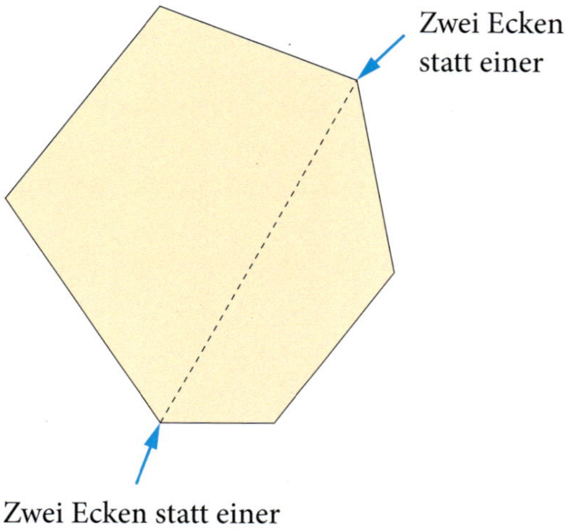

2 Ein seltsamer Fehler

Till hat erwartet, dass beim Zerlegen des 8-Ecks insgesamt 6 Dreiecke entstehen. In der Zeichnung sind aber 8 Dreiecke. Das liegt daran, dass Till nicht nur von Rand zu Rand geschnitten hat. Er hat in der Mitte einen neuen Punkt erzeugt, in dem sich die Spitzen der Dreiecke treffen.

3 Von der Rechnung zum Bild

a) links:
Alle Lösungen sind möglich.
Beispiel
8 = 5 ⊕ 5

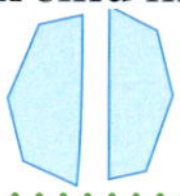

rechts:
Wenn man von Ecke zu Ecke schneidet, gibt es nur die Lösungen
3 ⊕ 3 = 4, 3 ⊕ 4 = 5, 3 ⊕ 5 = 6, usw.

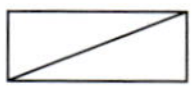

Wenn man auch von Ecke zu Rand schneidet, gibt es auch noch die Lösungen
3 ⊕ 3 = 3, 3 ⊕ 4 = 4, 3 ⊕ 5 = 5, usw.

Wenn man auch von Rand zu Rand schneidet, gibt es auch noch die Lösungen
3 ⊕ 4 = 3, 3 ⊕ 5 = 4, 3 ⊕ 6 = 5, 4 ⊕ 4 = 4, 5 ⊕ 5 = 6, usw.

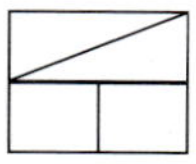

5 ⊕ 5 = 5 ist nicht möglich

b) *verschiedene Lösungen sind möglich*

Seite 11

4 Dreieckszerlegungen im Film

a) Das Vieleck hat 16 Ecken.

b) Es gibt viele verschiedene Lösungen. Für das Zeichnen der Dreiecke nimmt man jeweils einen Eckpunkt des Vielecks als Ecke eines Dreiecks und achtet darauf, dass die Dreiecke nicht höher oder breiter als zwei Kästchen sind, aber möglichst groß.

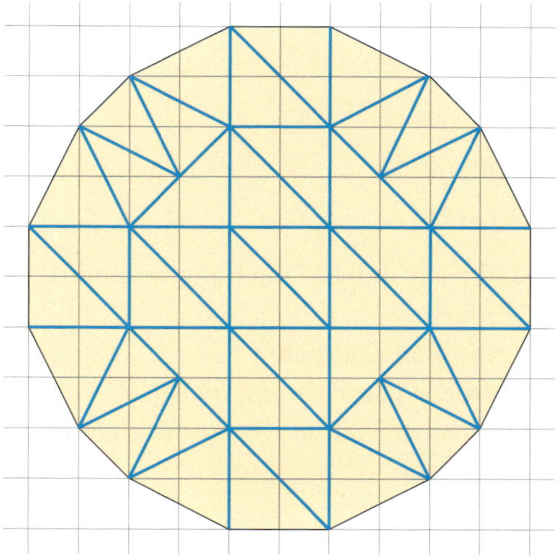

Vertiefen 1 Daten sammeln, darstellen und auswerten

Seite 22

1 Hobbys zählen

a) Am besten notiert man die Anzahl der Hobbys in einer Tabelle, damit die Strichliste möglichst übersichtlich wird. Sie könnte dann z. B. so aussehen:

	Anzahl
Reiten	𝍸
Astronomie	|||
Fußball	|||
Trompete	||
Klavier	||
Schwimmen		
Leichtathletik	||
Einradfahren		

b) *verschiedene Lösungen sind möglich*
Dies wäre ein mögliches Balkendiagramm:

Es sind auch andere Einteilungen denkbar.

2 Schuhgrößen sammeln

a) *verschiedene Lösungen sind möglich*
Die Strichliste könnte z. B. so aussehen:

Schuhgröße	Anzahl
34				
35	𝍸
36					
37			
38	𝍸	
39					
40		

b) *verschiedene Lösungen sind möglich*
Dies wäre ein mögliches Säulendiagramm:

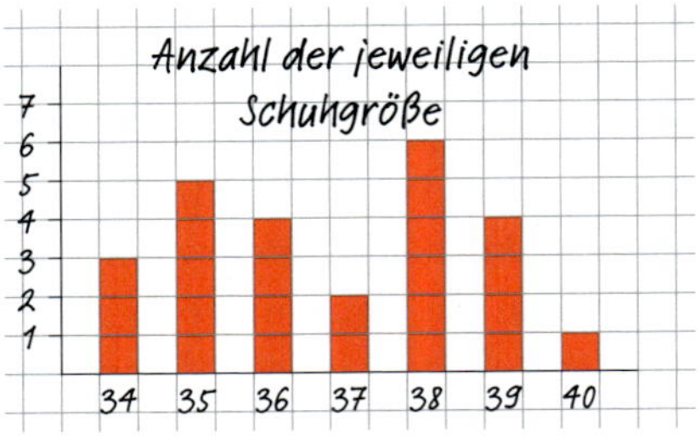

c) *verschiedene Lösungen sind möglich*
Es sind zu jedem Diagramm verschiedene Antworten möglich, z. B. zum Diagramm in b):

- Die Schuhgröße 38 kommt am häufigsten vor.
- Schuhgröße 40 wird von den wenigstens Kindern getragen.
- Schuhgröße 36 und 39 werden von gleich vielen Kindern getragen.
- Die kleinste Schuhgröße, die vorkommt, ist die Größe 34.
- Die größte Schuhgröße, die vorkommt, ist die Größe 40.

3 Schultaschen wiegen

a) Insgesamt wurden 18 Schultaschen gewogen.

b) *verschiedene Lösungen sind möglich*
Der Vergleich des Diagramms z. B. mit einem Säulendiagramm eignet sich sehr gut. Es sind viele Antworten möglich, z. B.:

- Dieses Diagramm hat Bilder. Man sieht gleich, dass es um Schultaschen geht.
- Das Ablesen ist schwieriger, da man die Anzahl der Schultaschen abzählen muss.

c) Die Gewichte der Schultaschen kann man in einer Tabelle sammeln, z. B.:

Gewicht	Anzahl
2 kg		
2,5 kg	
3 kg		
3,5 kg	|||
4 kg	𝍸 ||||
4,5 kg	𝍸
5 kg	||||
5,5 kg	𝍸

Man kann dazu ein Diagramm seiner Wahl zeichnen, z. B. ein Säulen- oder ein Balkendiagramm.

d) An einem Diagramm kann man erkennen,
- ob eine Schultasche im Vergleich zu den anderen eher leicht oder schwer ist,
- wie viele eine leichtere und wie viele eine schwerere Schultasche haben,
- wie viele eine gleich schwere Schultasche haben.

Seite 23

4 Schuhgrößen vergleichen

a) Man kann viele Informationen aus den Diagrammen ablesen, z. B.:
- Wo gibt es die kleineren Füße? (In Klasse 5a gibt es die kleineren Füße.)
- Wo gibt es die größeren Füße? (In beiden Klassen haben die größten Füße die Größe 40.)
- Wo gibt es von welcher Größe am meisten?
- In Klasse 5b sind mehr Schülerinnen und Schüler.

b) *verschiedene Lösungen sind möglich*
Dies wäre ein mögliches Säulendiagramm:

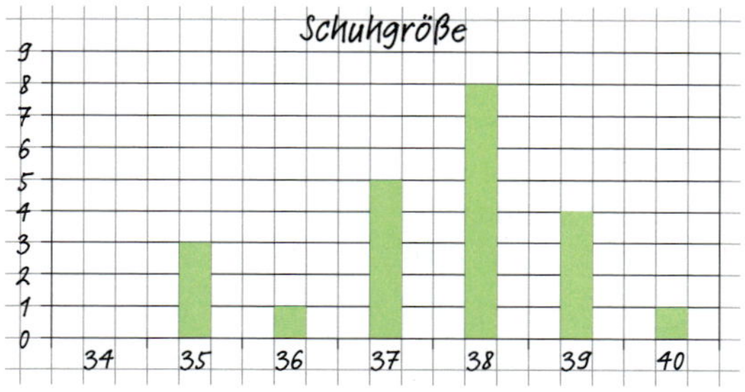

Im Unterschied zu Klasse 5a gibt es hier die Schuhgröße (37), die in Klasse 5a niemand hat.

c) *verschiedene Lösungen sind möglich*
Das Diagramm nach Oles Idee könnte so aussehen:

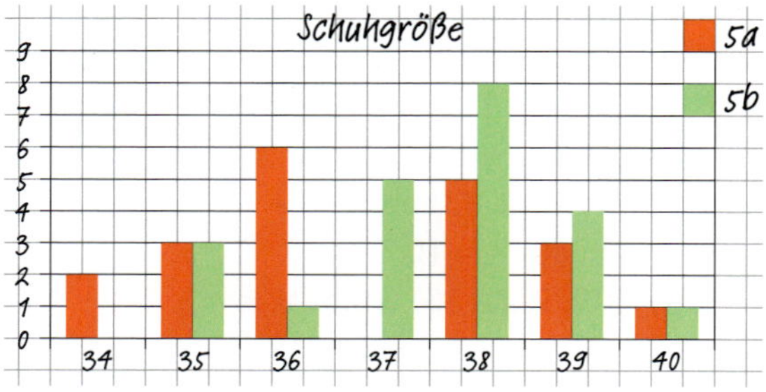

Hier ist anders, dass zu einer Schuhgröße beide Säulen der Klassen 5a und 5b direkt nebeneinander gezeichnet werden. Es werden zwei verschiedene Farben benutzt, um sie gut auseinander halten zu können. Man kann die beiden Klassen gut vergleichen.
Diese Fragen können z. B. gut beantwortet werden:
- Welche Schuhgrößen sind nur in einer Klasse vertreten?
- Bei welcher Klasse kommt Schuhgröße 38 am häufigsten vor?
- In welcher Klasse gibt es die kleinste Schuhgröße?

5 Taschengeld von Jungen und Mädchen

a) 6 Kinder bekommen 10 €, zusammen 60 €
4 Kinder bekommen 15 €, zusammen 60 €
4 Kinder bekommen 20 €, zusammen 80 €
4 Kinder bekommen 25 €, zusammen 100 €
6 Kinder bekommen 30 €, zusammen 180 €
$60 + 60 + 80 + 100 + 180 = 480$
Insgesamt bekommen die Mädchen und Jungen 480 € Taschengeld.

b) Die 10 Mädchen bekommen zusammen 200 €, dazu addiert man alle orangen Blöcke.
Die 14 Jungen bekommen zusammen 280 €. Das ist die Summe aller blauen Blöcke.
Die Mädchen und die Jungen in dieser Klasse bekommen etwa gleich viel Taschengeld pro Kind.

Achtung: Im 1. Druck des Schulbuches hatte sich ein Fehler eingeschlichen, da waren es noch 11 Mädchen mit insgesamt 200 € und 13 Jungen mit insgesamt 280 €.

Vertiefen 2 Durchschnitt beschreiben und bestimmen

Seite 24

6 Schuhgrößen im Mittel

a) Am Diagramm erkennt man, dass die Klasse 5b im Durchschnitt die größeren Füße hat. In der 5b haben 17 Kinder eine Schuhgröße bis 38, in Klasse 5a sind es nur 16 Kinder und in der 5b kommen die großen Größen über 39 immer häufiger vor.

b) Um den genauen Durchschnitt zu berechnen, müsste man folgende Rechnung durchführen: Man addiert alle Schuhgrößen und teilt sie durch die Anzahl der Schuhe.
Klasse 5a:
2 Schuhe in Größe 34 ergibt 34 + 34 = 68,
3 Schuhe in Größe 35 ergibt 3 · 35 = 105,
6 Schuhe in Größe 36 ergibt 6 · 36 = 216,
5 Schuhe in Größe 38 ergibt 5 · 38 = 190,
3 Schuhe in Größe 39 ergibt 3 · 39 = 117,
1 Schuh in Größe 40 ergibt 40
68 + 105 + 216 + 190 + 117 + 40 = 736
Anzahl Schuhe: 2 + 3 + 6 + 5 + 3 + 1 = 20
Durchschnitt Klasse 5a: 716 : 20 = 36,8

Klasse 5b:
3 Schuhe in Größe 35 ergibt 3 · 35 = 105,
1 Schuh in Größe 36 ergibt 36,
5 Schuhe in Größe 37 ergibt 5 · 37 = 185,
8 Schuhe in Größe 38 ergibt 8 · 38 = 304,
4 Schuhe in Größe 39 ergibt 4 · 39 = 156,
1 Schuh in Größe 40 ergibt 40
105 + 36 +185 + 304 + 156 + 40 = 826
Anzahl Schuhe: 3 + 1 + 5 + 8 + 4 + 1 = 22
Durchschnitt Klasse 5b: 826 : 22 = 37,6
37,6 ist größer als 36,8
Die Klasse 5b hat im Durchschnitt die größeren Füße.

7 Mit Fußgrößen messen

a) *verschiedene Lösungen sind möglich*
Hier kommt es darauf an, welche Werte man als Ausgangsdaten hat. Jede Klasse hat einen anderen „Klassenfuß".

b) Das Verfahren ist sinnvoll, weil man nicht nur den Fuß einer einzelnen Person nutzt. Wenn man den Durchschnitt vieler unterschiedlich großer Füße berechnet, erhält man an verschiedenen Orten ziemlich ähnliche Werte.
Mit diesem Wert kann man dann z. B. Längen für Waren auf Märkten messen.

8 Ergebnisse im Weitsprung ermitteln

a) Summe aller Sprünge:
150 + 144 + 146 + 120 = 560
Anzahl der Sprünge: 4
560 : 4 = 140
Petras durchschnittliche Sprungweite beträgt bisher 140 cm.

b) Petra muss weiter als 140 cm springen, da sich der Durchschnitt nur erhöht, wenn der Wert höher liegt als der bisherige Durchschnitt.

c) Ein möglicher Rechenweg ist:
Anzahl Sprünge: 5
Summe aller Sprünge: 5 · 145 = 725,
da 725 : 5 = 145
Die fünf Sprünge müssen zusammen 725 cm betragen.
Dann kann man von den fünf Sprüngen die vier gesprungenen Sprünge abziehen:
725 – 150 – 144 – 146 – 120 = 165
Um eine Durchschnittsweite von 145 cm zu erzielen, muss Petra mindestens 165 cm springen.

Seite 25

9 Zahlen im Safe

a) (1) (1, 5, 9) ergibt 1 + 5 + 9 = 15 und 15 : 3 = **5**
(2, 5, 8) ergibt 2 + 5 + 8 = 15 und 15 : 3 = **5**
(3, 5, 7) ergibt 3 + 5 + 7 = 15 und 15 : 3 = **5**
(2) (8, 10, 12, 14) ergibt 8 + 10 + 12 + 14 = 44 und 44 : 4 = **11**
(16, 18, 20, 22) ergibt 16 + 18 + 20 + 22 = 76 und 76 : 4 = **19**
(24, 26, 28, 30) ergibt 24 + 26 + 28 + 30 = 108 und 108 : 4 = **27**
(3) (1, 6, 8, 9) ergibt 1 + 6 + 8 + 9 = 24 und 24 : 4 = **6**
(3, 8, 10, 11) ergibt 3 + 8 + 10 + 11 = 32 und 32 : 4 = **8**
(5, 10, 12, 13) ergibt 5 + 10 + 12 + 13 = 40 und 40 : 4 = **10**
(4) (5, 7, 9, 11, 13) ergibt
5 + 7 + 9 + 11 + 13 = 45 und 45 : 5 = **9**
(20, 22, 24, 26, 28) ergibt
20 + 22 + 24 + 26 + 28 = 120 und 120 : 5 = **24**
(49, 51, 53, 55, 57) ergibt
49 + 51 + 53 + 55 + 57 = 265 und 265 : 5 = **53**
(5) (30, 80, 20, 10, 10) ergibt
30 + 80 + 20 + 10 + 10 = 150 und 150 : 5 = **30**
(30, 80, 20, 10, 20) ergibt
30 + 80 + 20 + 10 + 20 = 160 und 160 : 5 = **32**
(30, 80, 20, 10, 30) ergibt
30 + 80 + 20 + 10 + 30 = 170 und 170 : 5 = **34**

(6) (5, 8, 10, 15, 17) ergibt
5 + 8 + 10 + 15 + 17 = 55 und 55 : 5 = **11**
(10, 16, 20, 30, 34) ergibt
10 + 16 + 20 + 30 + 34 = 110 und 110 : 5= **22**
(15, 24, 30, 45, 51) ergibt
15 + 24 + 30 + 45 + 51 = 165 und 165 : 5 = **33**

b) *verschiedene Erklärungen sind möglich,* z. B.:
(1) Die 5 steht immer in der Mitte vom Zahlentrio. Sie hat immer den gleichen Abstand zu den beiden anderen Zahlen, d. h. die 5 bildet immer genau die Mitte der beiden Zahlen und ist damit der Durchschnitt.
Tipp: Lege Münztürme zu den Zahlen.
(2) Es sind immer vier gerade Zahlen in einem 2er-Abstand zueinander.
Die Durchschnittszahl liegt immer genau in der Mitte von allen Zahlen, ist aber selber nicht im Zahlenpaket enthalten.
(3) 1. und 2. Zahl: immer Abstand 5
2. uns 3. Zahl: immer Abstand 2
3. und 4. Zahl: immer Abstand 1
Legt man eine solche Reihe mit Münztürmen, dann erkennt man, dass bei diesem Muster die 2. Zahl der Durchschnitt ist.
(4) Wenn fünf Zahlen aufeinander folgen, die immer den Abstand 2 haben, dann ist immer die 3. Zahl der Durchschnitt. Auch das kann man gut an Münztürmen erkennen.
(5) Fünf Vielfache von 10 sollen einen Durchschnitt ergeben. Auffällig ist, dass sich nur die letzten Zahlen im Paket verändern.
Wächst die Zahlenreihe also um 10, erhöht sich der Durchschnitt um 2, da der Wert 10 durch 5 Zahlen geteilt werden muss:
10 : 5 = 2
Der Durchschnitt ist außerdem immer ein Vielfaches von 2, da alle Zahlen in der Zahlenreihe Vielfache von 2 sind.
(6) Die Durchschnitte sind 11, 22 und 33.
Sie liegen immer zwischen der dritten und vierten Zahl im Zahlenpaket.
Die 2. Zahlenreihe ist das Doppelte von der 1. Zahlenreihe und die 3. das Dreifache der 1. Zahlenreihe.
Dann verdoppelt oder verdreifacht sich auch der Durchschnitt.

10 Erst sortieren, dann rechnen

a) Beide Zahlen sind jeweils um 1000 größer – also ist auch der Durchschnitt um 1000 höher.
12 + 18 = 30, 30 : 2 = 15
1012 + 1018 = 1030, 1030 : 2 = 1015

b) Die Zahlenreihen (1), (3), (5), (7), (9) gehören in eine Gruppe, denn der Durchschnitt von 1, 2, 9 beträgt **4**.
(1) (1, 2, 9) ergibt 1 + 2 + 9 = 12 und 12 : 3 = **4**
(3) (31, 32, 39) ergibt
31 + 32 + 39 = 102 und 102 : 3 = **34**
(5) (100, 200, 900) ergibt
100 + 200 + 900 = 1200 und 1200 : 3 = **400**
(7) (1001, 1002, 1009) ergibt
1001 + 1002 + 1009 = 3012 : 3 = **1004**
(9) (101, 102, 109) ergibt
101 + 102 + 109 = 312 und 312 : 3 = **104**
Die Zahlenreihen (2), (4), (6) gehören ebenso in eine Gruppe, denn der Durchschnitt zu 1, 5, 6 beträgt **4**.
(2) (10, 50, 60) ergibt 10 + 50 + 60 = 120 und 120 : 3 = **40**
(4) (110, 150, 160) ergibt 110 + 150 + 160 = 420 und 420 : 3 = **140**
(6) (1, 5, 6) ergibt 1 + 5 + 6 = 12 und 12 : 3 = **4**
Ausnahme:
(8) gehört keiner der beiden Gruppen an.
(1010, 1080, 1090) ergibt
1010 + 1080 + 1090 = 3180 und
3180 : 3 = 1060

11 Durchschnittliches Familienalter bestimmen

a) *verschiedene Lösungen sind möglich*
Man sollte vorher aufschreiben, welche Personen (z. B.: Mutter, Vater, Geschwister, Oma und Opa oder Cousinen und Cousins, Onkels und Tanten) mit einbezogen wurden und welches Alter sie haben.

b) *verschiedene Lösungen sind möglich*
Schaut euch die Durchschnittswerte eurer Mitschüler genauer an.
Sie sind sicher alle verschieden, manche liegen nahe beieinander, andere haben große Unterschiede.
Mögliche Gründe für große Unterschiede: Es gibt sehr viel mehr Kinder als Erwachsene in der Familie, dann ist der Altersdurchschnitt geringer. Wenn es mehr Erwachsene gibt, ist es umgekehrt und der Altersdurchschnitt höher.

Seite 26

12 Durchschnitt rückwärts

a) Diese Aufgabe ist ein Spiel und hat deshalb keine Lösung.

b) *verschiedene Lösungen sind möglich*

13 Erst schätzen, dann rechnen

a) *verschiedene Lösungen sind möglich*

(1) Es kommen nur 0 und 30 vor und das gleich oft. Deshalb braucht man nur den Durchschnitt von 0 und 30 zu bestimmen.
Durchschnitt: 30 : 2 = 15.

(2) Die Zahl zwischen 300 und 600 ist 450.
Da die weitere Zahl genau 450 ist, ist der Durchschnitt 450.
300 + 600 = 900 und 900 : 2 = 450;
Durchschnitt 450

(3) Wenn man die Reihe sortiert, sieht man vier aufeinander folgende Zahlen.
Also muss man nur den Durchschnitt der beiden mittleren Zahlen 24 und 25 bilden.
24 + 25 = 49 und 49 : 2 = 24,5;
Durchschnitt 24,5

(4) Wenn man die Reihe sortiert, sind die drei mittleren Zahlen aufeinander folgende Zahlen (99, 100, 101).
Die anderen beiden Zahlen (50, 150) haben denselben Abstand zu den drei mittleren Zahlen.
Der Abstand von 50 bis 99 und der Abstand von 101 bis 150 sind gleich. Deshalb muss man nur den Durchschnitt der drei mittleren Zahlen bilden. Von 99, 100 und 101 ist der Durchschnitt die mittlere Zahl: 100.

(5) Ein möglicher Weg ist, die fünf Zahlen zu addieren und den Durchschnitt zu berechnen:
1 + 2 + 3 + 4 + 1000 = 1010 und 1010 : 5 = 202

b) *verschiedene Lösungen sind möglich*

14 Durchschnitt von vier Zahlen

verschiedene Lösungen sind möglich

Am besten testet man mit einigen Zahlenbeispielen, ob die Aussagen von Ole und Till stimmen.

Hier einige Beispiele zu Ole:

Oles Vermutung:
1, 2, 3, 4:
(1 + 2 + 3 + 4) : 4 = 2,5 → zw. den beiden Zahlen in der Mitte
1, 2, 20, 500:
(1 + 2 + 20 + 500) : 4 = 130,75 → liegt NICHT zw. den Zahlen in der Mitte

Wie man beim zweiten Beispiel sieht, hat Ole nicht immer Recht. Es funktioniert nicht, wenn eine Zahl sehr viel größer oder sehr viel kleiner als die anderen ist. Der Durchschnitt liegt also nicht immer in der Mitte der beiden mittleren Zahlen.

Oles Vorstellung wäre immer richtig, wenn sie sich auf den Zentralwert beziehen würde.
Für den Durchschnitt ist sie nicht immer richtig.

Beispiele zu Tills Vermutung

Tills Vermutung:
5, 2 → 5 + 2 = 7 | 7 : 2 = 3,5
3, 1 → 3 + 1 = 4 | 4 : 2 = 2
3,5 + 2 = 5,5 | 5,5 : 2 = 2,75 ✓
Probe (5 + 2 + 3 + 1) : 4 = 2,75
1, 20 → 1 + 20 = 21 | 21 : 2 = 10,5
500, 2 → 500 + 2 = 502 | 502 : 2 = 251
10,5 + 251 = 261,5 | 261,5 : 2 = 130,75 ✓
Probe (1 + 20 + 500 + 2) : 4 = 130,75

Vertiefen 3 Durchschnitt und Zentralwert vergleichen

Seite 27

15 Richie Rich und die Mittelwerte

Gesamtsumme Taschengeld vorher: 480
Anzahl Kinder: 24
Durchschnitt vorher: 480 : 24 = 20
Als Richie noch nicht in der Klasse war, betrug der Durchschnitt des Taschengeldes 20 €.

Gesamtsumme Taschengeld mit Richie Rich:
480 + 320 = 800
Anzahl Kinder mit Richie Rich: 25
Durchschnitt mit Richie Rich: 800 : 25 = 32

Unterschied: 32 – 20 = 12
Wenn Richie Rich 320 € Taschengeld im Monat bekommt, erhöht sich der Taschengelddurchschnitt der Klasse auf 32 €. Der Klassendurchschnitt erhöht sich um 12 €.

Zentralwert vorher:
Anzahl Kinder: 24
Der Zentralwert liegt zwischen dem 12. und 13. Kind.
Der Zentralwert ist 20 €.

Zentralwert mit Richie Rich:
Anzahl Kinder: 25
Der Zentralwert liegt beim 13. Kind.
Der Zentralwert ist wieder 20 €.
Der Zentralwert liegt bei der Klasse ohne und mit Richie bei 20 €.

Erklärung:
Der Durchschnitt wird davon beeinflusst, wie viel Geld Richie bekommt. Da Richie sehr viel mehr Geld bekommt, ändert sich der Durchschnitt sehr stark.
Der Zentralwert wird davon beeinflusst, dass nun eine Person mehr in der Klasse ist. Da es aber nur eine Person mehr ist, kann sich dies nicht so stark auf die Änderung des Zentralwerts auswirken. (Die Höhe des Taschengelds ist dabei nicht wichtig.)

16 Vorstellungen vom Mittelwert

a) Silja verbindet mit dem Wort „Mittelwert" den Durchschnitt.
Tim beschreibt hingegen den Zentralwert.
Silja: 154 + 146 = 300 und 300 : 2 = 150
Durchschnitt: 150 cm
Tim: Es gibt 2 Werte, also liegt der Zentralwert zwischen dem 1. und 2. Wert, das sind 150 cm.
In diesem Fall sind beide Werte gleich groß, nämlich 150 cm.

b) Silja: 154 + 146 + 156 = 456 und 456 : 3 = 152
Durchschnitt: 152 cm
Tim: Es gibt drei Werte, also ist der mittlere Wert der Zentralwert, nämlich 154 cm.
Tim kommt mit seiner Idee vom Zentralwert auf 154 cm als Ergebnis und Silja auf 152 cm.

17 Basketballteams

In der blauen Mannschaft sind alle Spieler ungefähr gleich groß. Zentralwert und Durchschnitt liegen dicht beieinander und entsprechen ungefähr der Körpergröße der vier Spieler.
In der roten Mannschaft ist ein Spieler besonders groß. Die anderen drei haben ungefähr die gleiche Körpergröße, sind aber kleiner als die vier Spieler der blauen Mannschaft. Deswegen ist der Zentralwert recht klein und liegt ungefähr bei der Körpergröße der drei kleinen Mitspieler. Der Durchschnitt liegt allerdings höher als bei der blauen Mannschaft, da die kleinen Spieler nur minimal kleiner sind als die roten Spieler, der vierte Mitspieler aber extrem groß ist.

Seite 28

18 Welcher Mittelwert ist gemeint?

a) Ole und Merve meinen den Zentralwert.
Pia meint den Durchschnitt.
Tills Aussage passt zu beiden Mittelwerten.

b) *verschiedene Lösungen sind möglich*
Wichtig ist, dass man eine Erklärung auswählt, mit der man selber am besten versteht, was mit Zentralwert und Durchschnitt gemeint ist.

19 Daten und Durchschnitte verändern

a) Der Durchschnitt beträgt 5, weil die 5 immer die Mitte der beiden Zahlen 2, 8 und 1, 9 bildet.
Der Zentralwert beträgt auch 5, da die mittlere Zahl der fünf angegebenen Zahlen eine 5 ist.

b) (1) Sowohl Durchschnitt als auch Zentralwert werden um eins größer und betragen beide 6.
(2, 3, 6, 9, 10) ergeben für Zentralwert und Durchschnitt **6**, siehe Begründungen bei a)

(2) Der Durchschnitt erhöht sich auf 6, denn
2 + 5 + 6 + 8 + 9 = 30 und 30 : 5 = 6.
Eine andere Begründung ist, dass sich der alte Durchschnitt um 1 erhöht. Durch Addition der Zahl 5, die durch die Anzahl der fünf Zahlen geteilt wird, gilt 5 : 5 = 1.
Neuer Durchschnitt: 5 + 1 = 6
Da aus der ersten Zahl 1 nun eine 6 wird, ändert sich die Reihenfolge der Zahlen und somit verändert sich der Zentralwert ebenfalls von 5 zu 6.
(6, 2, 5, 8, 9) ergibt Durschnitt 6
(2, 5, 6, 8, 9) ergibt Zentralwert 6

(3) Durch Addition der Zahl 10, die durch die fünf Zahlen geteilt wird, gilt: 10 : 5 = 2.
Neuer Durchschnitt: 5 + 2 = 7
Da sich die Reihenfolge der Ziffern ändert, liegt der Zentralwert dann bei 8.
(1, 12, 5, 8, 9) ergibt Durchschnitt 7
(1, 5, 8, 9, 12) ergibt Zentralwert 8

20 Eine Zahl suchen

a) *verschiedene Lösungen sind möglich*
Jede beliebige Zahl, die größer als 4 ist, kann eingesetzt werden, auch die 4 selbst.

b) *verschiedene Lösungen sind möglich*
Es fehlt eine Zahl, die kleiner oder gleich 8 ist.
Man kommt leichter auf die richtige Lösung, wenn man zunächst die Zahlen in die richtige Reihenfolge bringt.

c) *verschiedene Lösungen sind möglich*

Seite 29

21 Größen in der Fußballmannschaft

a) Der Zentralwert liegt genau zwischen 144 cm und 145 cm, da hier die Mitte aller Werte liegt.
Da 144 + 145 = 289 und 289 : 2 = 144,5 beträgt der Zentralwert 144,5 cm. Dies könnte z. B. durch einen Strich an der entsprechenden Stelle dargestellt werden oder mit einer Fahne, die zwischen die beiden Fußballspieler gestellt wird:
130 140 141 142 144 | 145 147 150 151 155

b) Am Zentralwert ändert sich nichts, da die Reihenfolge der Zahlen die gleiche bleibt.

c) Abgesehen von den beiden Werten neben dem Zentralwert, darf jeder Wert verändert werden, solange sich die Reihenfolge nicht verändert.

d) *verschiedene Lösungen sind möglich*
Es könnten mehr Werte über 144,5 cm oder mehr Werte unter 144,5 cm angesiedelt werden. Dadurch würde sich die Reihenfolge verändern. Es könnten aber auch einfach die beiden mittleren Werte 144 cm bzw. 145 cm verändert werden. Der Zentralwert wird dann immer zwischen den beiden liegen.
Eine Möglichkeit wäre:
140 wird verändert zu 146:
130 141 142 144 145 146 147 150 151 155
Hier liegt der Zentralwert nun zwischen 145 cm und 146 cm. Der Zentralwert ist also 145,5 cm.

22 Angaben zu Zwillingen erfinden

verschiedene Lösungen sind möglich
Hier einige Beispiele:

(1) Silas: 152 cm, Jonas: 158 cm,
denn 152 + 158 = 310 und 310 : 2 = 155
oder Silas: 150 cm, Jonas: 160 cm,
denn 150 + 160 = 310 und 310 : 2 = 155

(2) Silas: 40 kg, Jonas: 50 kg,
denn 40 + 50 = 90 und 90 : 2 = 45
oder Silas: 45 kg, Jonas: 45 kg,
denn 45 + 45 = 90 und 90 : 2 = 45

(3) Silas: 12 Jahre 25 Tage 7 Stunden,
Jonas: 12 Jahre 25 Tage 9 Stunden,
denn 7 + 9 = 16 und 16 : 2 = 8
oder Silas: 12 Jahre 25 Tage 7,5 Stunden,
Jonas: 12 Jahre 25 Tage 8,5 Stunden,
denn 7,5 + 8,5 = 16 und 16 : 2 = 8

(4) Aus Augenfarben kann man keinen Durchschnitt bilden.

23 Größen ermitteln

a) *verschiedene Lösungen sind möglich*
Hier einige Beispiele:
140 cm, 132 cm, 157 cm oder
186 cm, 140 cm, 139 cm oder
146 cm, 114 cm, 140 cm.
Ein Wert muss größer als 140 cm sein und der andere kleiner als 140 cm.

b) *verschiedene Lösungen sind möglich*
Hier einige Beispiele:
140 cm, 135 cm, 145 cm oder
185 cm, 135 cm, 100 cm oder
126 cm, 132 cm, 162 cm.
So kann man rechnen:
Man kennt den Durchschnittswert: 140 cm.
Dann multipliziert man zunächst den Durchschnittswert mit 3, da es drei Geschwister sind.
140 · 3 = 420.
Man erhält die Gesamtsumme der drei Körpergrößen, also 420 cm.
Nun kann man sich einfach eine Zahl ausdenken (1. Körpergröße, z. B. 126 cm) und diese vom Gesamtwert 420 cm abziehen. Von der Differenz muss noch eine weitere ausgedachte Zahl (2. Körpergröße, z. B. 132 cm) abgezogen werden. Die Zahl, die übrig bleibt, ist die 3. Körpergröße.
420 − 126 − 132 = 162
Die dritte Körpergröße ist dann 162 cm.

Vertiefen 1 Körper erkennen und beschreiben

Seite 46

1 **Nicht nur Verpackungen haben besondere Formen**
Körper: ① Kugeln und Zylinder; ② Kegel; ③ Pyramide; ④ Quader und Pyramide
Flächen: ①, ② Kreise als Grundflächen;
③, ④ Dreiecke bzw. Rechtecke als Seitenflächen

2 **Mathematische Körper in deiner Umgebung**
a) *verschiedene Lösungen sind möglich*
Beispiele im Supermarkt:
Quader: z. B. Milchpackung, Pizzapackung;
Zylinder: z. B. Coladose, Maisdose;
Würfel: z. B. Brühwürfel, Käsewürfel;
Kegel: z. B. Bleistiftspitze;
Pyramide: z. B. Käsepackung;
Kugel: z. B. Ball, Bonbons
b) Zu Quadern und Zylindern findet man viele Beispiele. Es sind häufige Verpackungsformen, weil man sie gut stapeln kann. Zu Kegeln und Pyramiden findet man nicht so viele Beispiele, weil man sie nicht so gut stapeln kann.

3 **Suchbild Ritterburg**
Körper:
Kugeln und Würfel lassen sich im Bild nicht finden.
Quader: z. B. einzelner Stein auf Mauer in Quadrat A6;
Zylinder: z. B. oberer Teil des Turmes in Quadrat H3;
Kegel: z. B. Dach des Turmes in Quadrat H2;
Pyramide: z. B. Spitzen auf Eckpfeilern in Quadrat F3
Flächen:
Dreieck: z. B. Seitenfläche der Spitzen auf den Eckpfeilern in Quadrat F3;
Quadrat: z. B. Dachfenster in Quadrat H4;
Rechteck: z. B. Seitenfläche eines Mauersteins in Quadrat G6;
Fünfeck: z. B. Vorderfläche des Fenstervorbaus (Gaube) in Quadrat H4;
Kreis: z. B. am Kirchenfenster in Quadrat E4

Seite 47

4 **Teekesselchen**
abgebildete Gegenstände in Alltagssprache:
① Kegel; ② Zylinder; ③ Würfel; ④ Pyramide
Die abgebildeten Gegenstände sind den mathematischen Körpern zwar ähnlich, haben aber doch deutliche Unterschiede.

5 **Körper gesucht**

Gesucht sind möglichst viele Körper, …	Gefunden
(1) die eine Spitze haben.	Pyramide, Kegel
(2) bei denen der Deckel die gleiche Form hat wie der Boden.	Würfel, Quader, Prisma, Zylinder
(3) die nur Seiten haben, die gerade nach oben gehen, wenn man sie auf einen Tisch stellt.	Würfel, Quader, Prisma
(4) die von der Seite wie ein Dreieck aussehen.	Pyramide; (Prisma)
(5) die rund sind.	Kugel, (Kegel, Zylinder)
(6) die weniger als drei Flächen haben.	Kugel, Kegel

6 **Eigenschaft gesucht**
Die Aufgabe 6 ist ein Spiel und hat deshalb keine Lösung.

Seite 48

7 **Ist jedes Rechteck ein Quadrat?**
a) „Tier“ ist der (allgemeinere) Oberbegriff zu „Hund“, denn jeder Hund ist ein Tier.
Die Umkehrung „Jedes Tier ist ein Hund.“ stimmt nicht, da es auch Tiere gibt, die keine Hunde sind (z. B. Katzen).
(1) „Tier“ ist allgemeiner, „Hund“ ist spezieller.
(2) „Vierbeiner“ ist allgemeiner, „Katze“ ist spezieller.
(3) Die Begriffe sind gleichwertig.
(4) Die Begriffe sind gleichwertig.
(5) „Hund“ ist allgemeiner, „Dackel“ ist spezieller.
(6) „Tier“ ist allgemeiner, „Schäferhund“ ist spezieller.
b) Merve und Pia haben Recht. Nur Ole hat nicht Recht.
Jedes Quadrat ist auch ein Rechteck, da es alle Eigenschaften eines Rechtecks erfüllt.

c) Im äußeren Oval steht der allgemeinere Begriff.

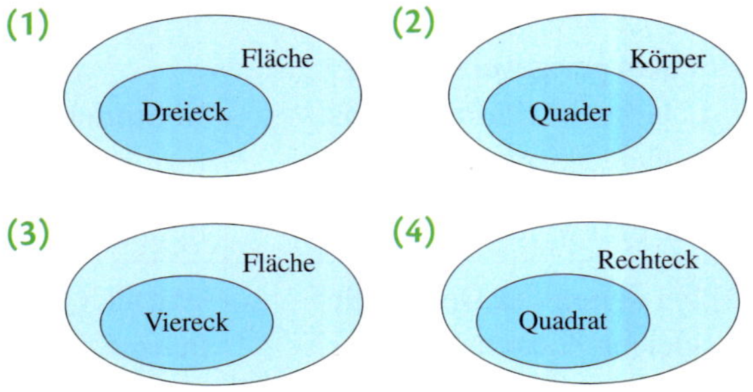

d) Ja, jeder Würfel ist auch ein Quader. Quader ist der allgemeinere Begriff.

Seite 49

8 Formen im Vergleich

① Würstchen passen nicht durch den engen Flaschenhals, aus Gläsern trinken geht eher.
② Hier kann man austauschen.
③ Ananas-Stücke passen zwar in eine quaderförmige Pappschachtel, die würde aber durchweichen. Die Spaghetti können nur gekürzt in die zylinderförmige Verpackung gefüllt werden.

9 Worauf achten Profis? Interview mit einer Verpackungsdesignerin

a) Verpackung hilft, das Produkt zu verkaufen; soll gut aussehen; soll etwas über das Produkt sagen (was, wie viel, was noch); soll den Inhalt schützen, soll praktisch sein; soll evtl. neugierig machen

b) z. B.:
① Inhalt gut sichtbar, aber viel Verpackung für wenig Inhalt;
② optimale Verpackung, schützt gut den Inhalt;
③ erregt Aufmerksamkeit durch die Schleife, ist aber unpraktisch, weil die Himbeeren zu feucht für die Schachtel sind
④ optimale Verpackung, weil Inhalt gut sichtbar und Luft an die Kartoffeln kommt (anderenfalls faulen sie zu schnell)

Seite 50

10 Quader in runder Verpackung

Die runde Dose ist schön, ungewöhnlich und erregt Aufmerksamkeit. Die kleinen Quader können aber die Rundung nicht ausfüllen, es wird Platz verschwendet.

11 Alles Prisma?

a) Die Grund- und die Deckfläche sind gleich groß und haben die gleiche Form.
Alle Seitenflächen sind rechteckig.

b) Folgende Gegenstände auf dem Foto sind Prismen: blaue Schachtel hinten links, blaue würfelförmige Schachtel, quaderförmige Schachtel rechts (neben der Schultüte)
Die Kerzen und die rote Schachtel sind keine Prismen, obwohl sie gleiche Grund- und Deckflächen haben. Ihre Seitenflächen sind nicht rechteckig. Es sind Zylinder.
Würfel und Quader sind spezielle Prismen.

c) *verschiedene Lösungen sind möglich*

12 Was ist denn hier passiert?

a) ① Kugel mit ausgeschnittenem Stück;
② schräg abgeschnittener Zylinder;
③ Kegel (umgedreht) mit abgeschnittener Spitze;
④ Pyramide (umgedreht) mit abgeschnittener Spitze

b) *verschiedene Lösungen sind möglich*

Vertiefen 2 Körper möglichst genau herstellen

Seite 51

13 Was ist ein guter Bastelbogen?

Konkrete Verbesserungen, um „exakt" zu arbeiten, wären z. B.:
zusammengehörende Kanten genau gleich lang zeichnen;
rechte Winkel zeichnen;
Klebelaschen ergänzen;
Linien genau ausschneiden

14 Basteln durch Falten

Jeder bastelt seine eigene Verpackung.

15 Parallele und senkrechte Linien suchen

verschiedene Lösungen sind möglich

Seite 52

16 Parallele und senkrechte Linien am Haas-Haus

verschiedene Lösungen sind möglich
Achtung: es gibt auch zueinander parallele Linien, die nicht parallel oder senkrecht zum Boden verlaufen.

17 Skilift: senkrecht oder senkrecht?

Till meint, dass die Stütze des Skilifts lotrecht steht, also so, wie wir auch am Hang stehen würden.
Ole hat aber verstanden, dass die Stütze senkrecht zum Berg steht.

18 Senkrecht stehen
Wenn man das Haus dreht, sodass der Boden schräg ist, dann sieht es aus, als würde man schräg stehen. Die Kinder stehen aber senkrecht zum Boden der Halle.

Seite 53

19 Zueinander senkrechte und parallele Linien zeichnen
verschiedene Lösungen sind möglich

20 Bilder mit zueinander parallelen und senkrechten Linien
verschiedene Lösungen sind möglich

21 Schräge Linien
Ole hat Recht, die schräg liegenden Linien sind wirklich parallel zueinander.
Für selbst gezeichnete Bilder sind verschiedene Lösungen möglich.

22 Spiralen zeichnen – aber genau
Auf dem Arbeitsblatt entsteht eine Spirale, so wie sie im Schulbuch abgebildet ist.

Seite 54

23 Labyrinthe mit rechten Winkeln
a) Von oben gesehen wurden die Rotkohlpflanzen auf einer Linie gesetzt, die immer wieder im rechten Winkel abknickt und dabei ein Labyrinth bildet.
b) *verschiedene Lösungen sind möglich*

24 Zueinander parallele und senkrechte Linien durch Punkte zeichnen

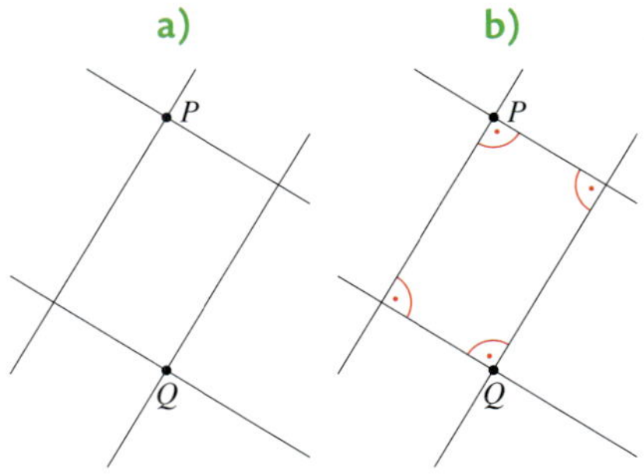

c) *verschiedene Lösungen sind möglich*

Vertiefen 3 Netze für Körper zeichnen und erkennen

Seite 55

25 Einen guten Bastelbogen für einen Würfel herstellen
a) Das Netz für den Würfel könnte so aussehen wie das Netz im Buch. Es gibt aber auch andere Möglichkeiten für ein Würfelnetz.
b) An allen Ecken des Würfels müssen rechte Winkel sein. Alle Kanten müssen gleich lang sein.

26 Bastelbögen für Schachteln
a), b) Quadernetze bzw. zusammengebaute Quader mit den gegebenen Maßen
c) Prüfe deinen gezeichneten Bastelbogen, indem du ihn ausschneidest und zu einem Prisma faltest.

27 Welche Formen aus welchem Material?
a) Nur wenn der Körper von ebenen Flächen begrenzt wird, kann die Form aus Pappe gebaut werden.
b) Flaschenformen und zulaufende Gläser kann man nicht aus Pappe bauen.
c) Aus Glas werden oft Zylinder hergestellt, die oben und unten abgerundet sind. Man kann besonders gut Rundungen herstellen. Ecken und Kanten sind bei Glas selten.
Ein großer Vorteil von Glas und Blech liegt darin, dass diese Materialien wasserundurchlässig sind.

28 Würfelnetze sammeln
Es gibt insgesamt 11 verschiedene Würfelnetze.

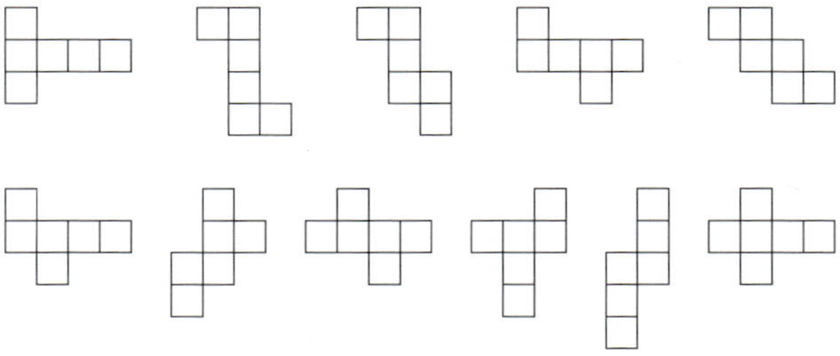

Seite 56

29 Würfelnetz-Puzzle
a) Insgesamt gibt es 6 Lösungen mit diesen 2 Teilen.

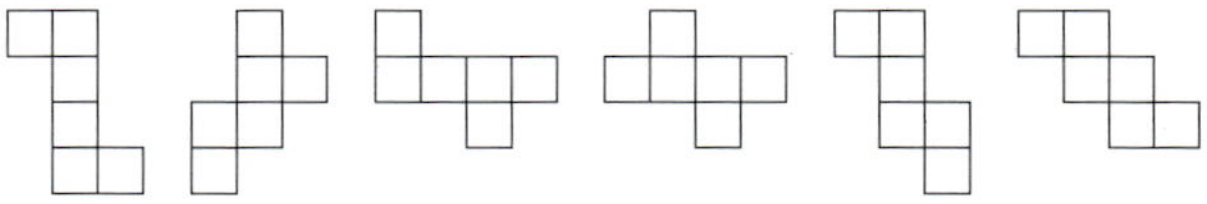

b) *verschiedene Lösungen sind möglich*
c)

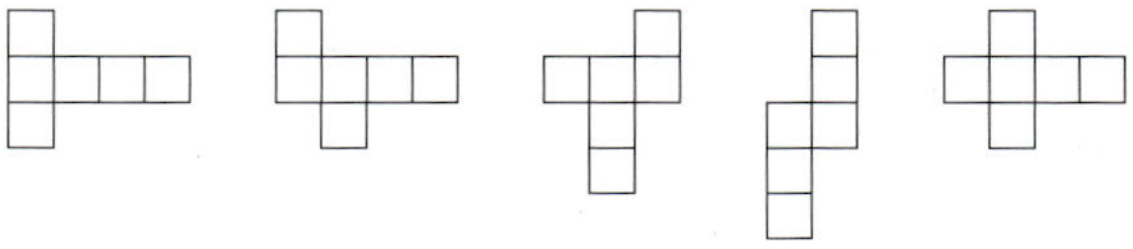

30 Vom Netz zum Körper – eine Kopfübung
verschiedene Lösungen sind möglich, z. B.:

zu a)

b) Für das Pyramidennetz braucht man 2 Kugeln und 3 Stäbchen mehr als für den Pyramidenkörper. Die drei äußeren Ecken im Netz fallen beim Zusammenbauen mit der Spitze zusammen.

c) 
Das Netz hat 14 Kugeln und 19 Stäbchen. Ein Würfel hat 8 Ecken und 12 Kanten. Man muss also 6 Kugeln und 7 Stäbchen herausnehmen.

31 Netze im Kopf zusammenbauen

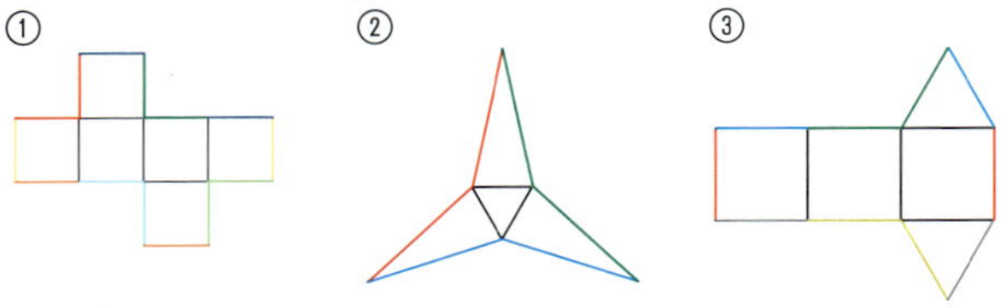

Seite 57

32 Würfelnetze färben und markieren

a) *verschiedene Lösungen sind möglich,* z. B.:

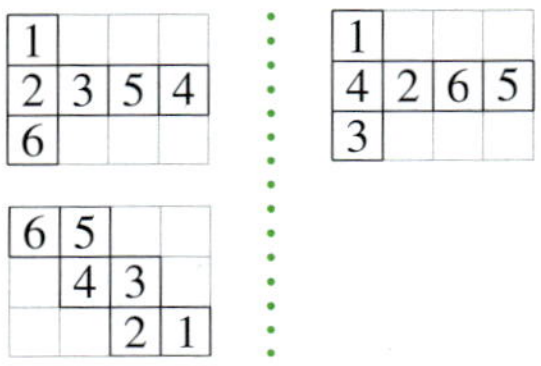

b) In beiden Varianten müssen gegenüberliegende Flächen gleich gefärbt werden.

33 Netze prüfen

a) Alle abgebildeten Netze außer Netz 1 lassen sich zu einem Quader zusammenfalten.

b) Bei Netz 2 würde die Verpackung seltsam aussehen, weil eine Seitenfläche „auf dem Kopf" stehen würde, also die Schrift verkehrt herum wäre. Wenn man die untere Seitenfläche („Orange Juice") drehen würde, wäre alles in Ordnung.
Bei Netz 4 würde die Verpackung auch seltsam aussehen, denn die Bodenfläche wäre oben und die Deckfläche wäre unten. Man müsste also Boden- und Deckfläche vertauschen.

Seite 58

34 Geht nicht …

a) ① Kanten, die beim Zusammenfalten aufeinander treffen, müssen gleich lang sein.
② Die Kantenlängen der Seitenflächen müssen bei der quadratischen Pyramide größer sein als die halbe Quadratdiagonale.
③ Kanten, die beim Zusammenfalten aufeinander treffen, müssen gleich lang sein.
④ Dieses Gebilde ist kein Körpernetz, es lässt sich nicht zu einem Würfel zusammenfalten.

b) *verschiedene Lösungen sind möglich, z. B.:*

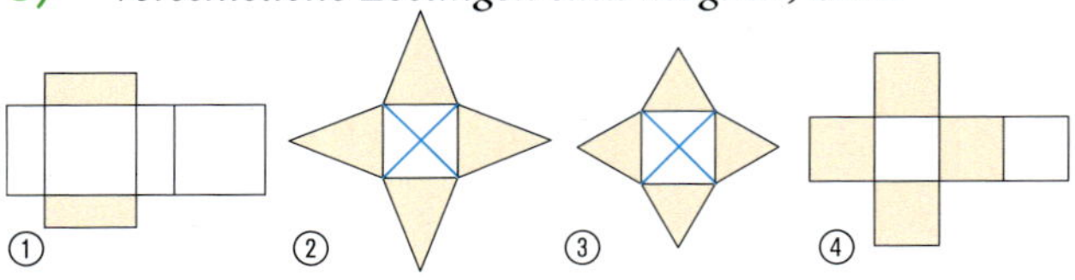

35 Tütchen für kleine Geschenke – selbst gebastelt
pyramidenförmige Tütchen

Vertiefen 4 Schrägbilder zeichnen

Seite 59

36 Ein Schrägbild eines Quaders lesen und zeichnen

a) Breite: 4,5 cm, Höhe: 2,5 cm, Tiefe: 3 cm

b)

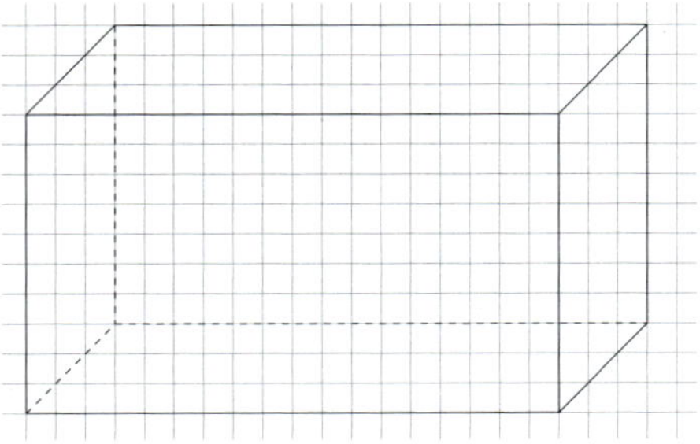

37 Schrägbilder von Würfeln zeichnen

links: rechts:

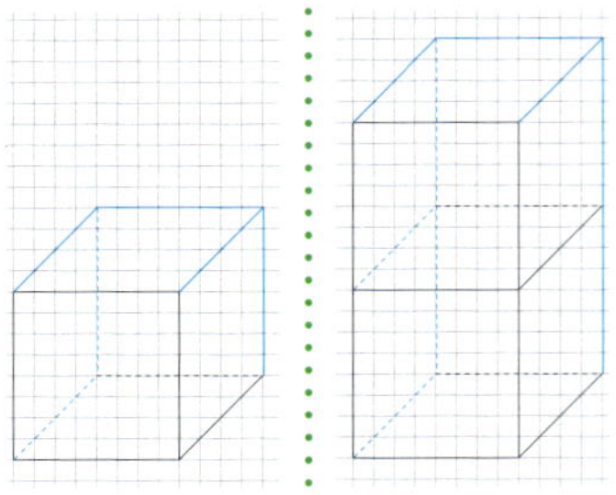

38 Verschiedene Schrägbilder zu einem Quader

a) Schrägbilder ② und ③ gehören zum gleichen Quader. (erkennbar an den Maßen der Schrägbilder)

b) Für jeden Quader mit drei unterschiedlichen Kantenlängen gibt es sechs mögliche Schrägbilder.

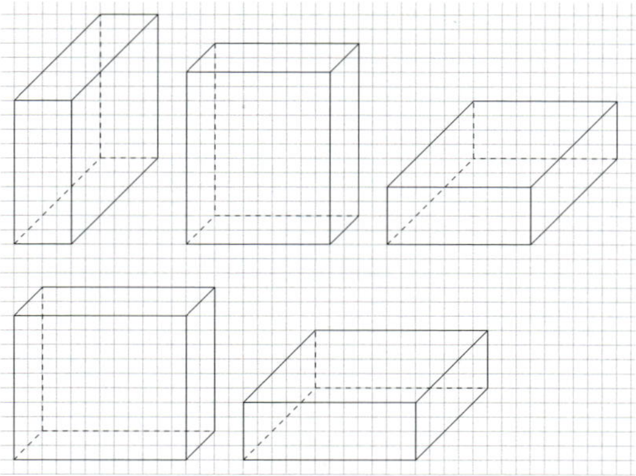

c)

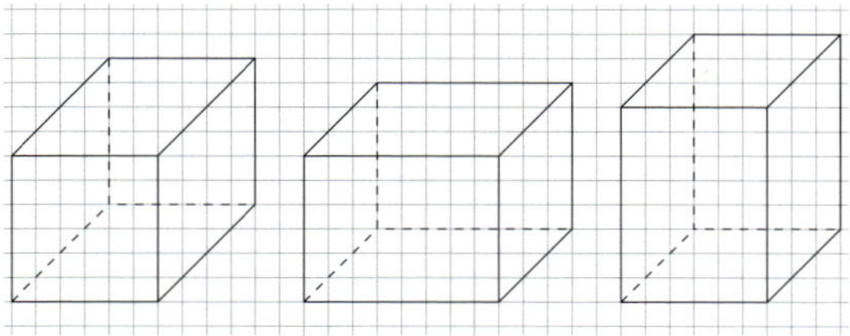

Seite 60

39 Ansichten eines Würfels

a) *verschiedene Lösungen sind möglich*
Folgendes ist für ein gut erkennbares Würfelbild wichtig:
- Die nach hinten laufenden Kanten müssen verkürzt gezeichnet werden.
- Grund- und Deckfläche sollten gut zu sehen sein, dafür sollten die schräg laufenden Linien nicht zu flach und nicht zu steil sein.
- Verschiedene Kanten sollten im Schrägbild nicht aufeinander liegen.

40 Was stimmt hier nicht?

Die untere türkisfarbene Kante müsste hinter der violetten Kante liegen. Bei der Darstellung im Bild ist nicht klar, ob die Fläche „gelb/violett" oder „türkis/grün" im Vordergrund liegt.

41 Verpackungen im Kopf zerschneiden

① 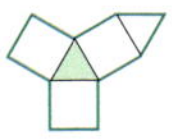 ② 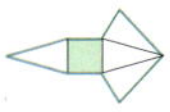 ③ 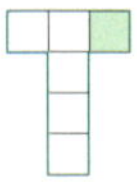 ④ 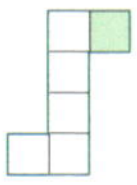

Seite 61

42 Besondere Schrägbilder zeichnen

a) (1)

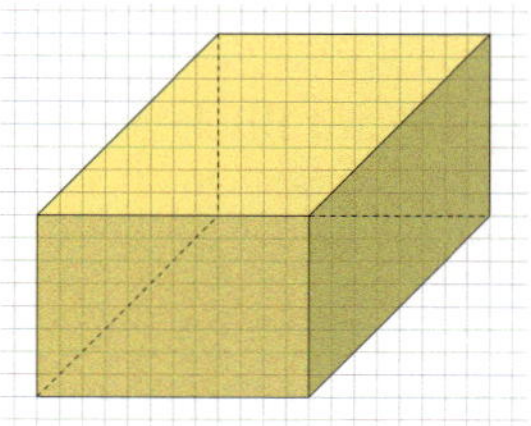

(2)

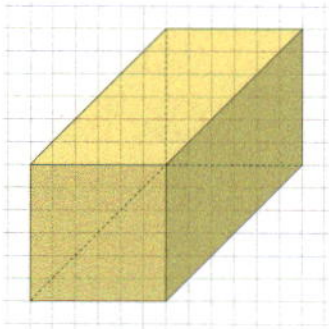

b) Die Kante vorn oben und die Kante hinten unten liegen auf einer Karolinie.

43 Schrägbilder zeichnen ohne Kästchenpapier

a)

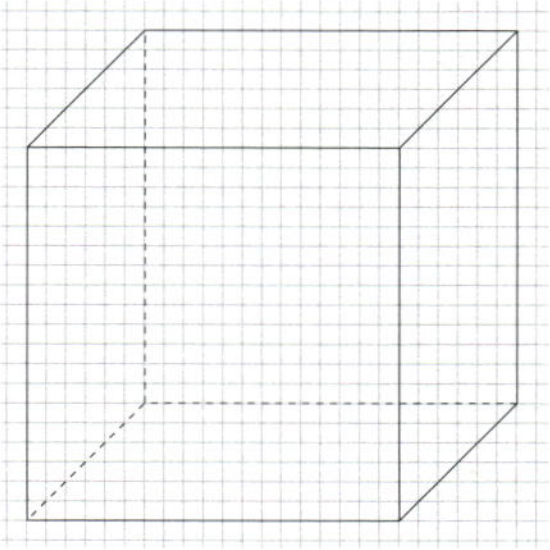

b) Im linken Schrägbild sind die nach hinten verlaufenden Kanten nicht parallel zueinander.
Im rechten Schrägbild müsste die Kante rechts hinten senkrecht nach unten verlaufen. Alle nach hinten laufenden Kanten müssten schräg durch drei Kästchen gehen.

c)

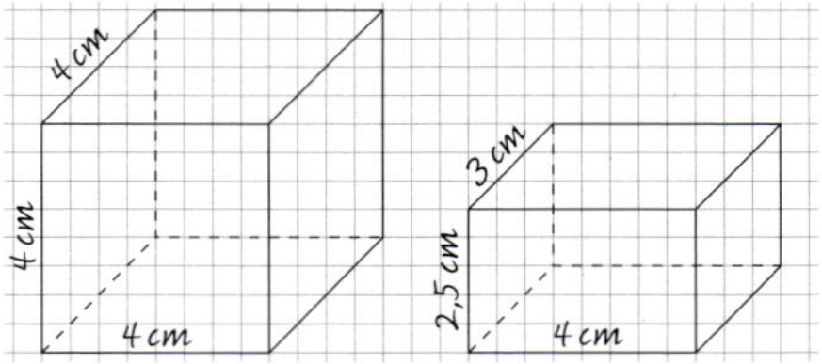

d) Z. B. muss man darauf achten, dass Linien, die am Quader parallel zueinander sind, auch im Schrägbild parallel zueinander sind.

44 Schrägbilder ergänzen

links:

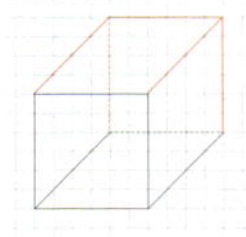

Pia

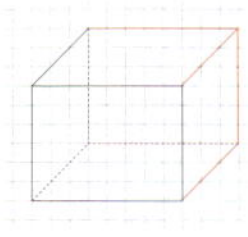

Merve

rechts:

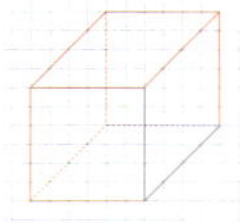

Till

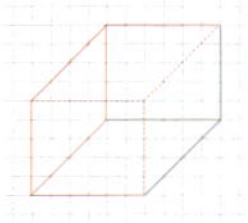

Ole

Oles Körper passt auf den ersten Blick nicht zu den Vereinbarungen zum Zeichnen eines Quaders, sonst hätten andere Linien gestrichelt werden müssen.
Ole hat das Schrägbild mit Blick von schräg unten gezeichnet.

Seite 62

45 Verpackung im Katalog – kniffeliges Zeichnen
Der Würfel muss eine Kantenlänge von 4 cm haben, damit die Gesamthöhe des Bildes 6 cm beträgt.

46 Würfelbauten zeichnen
a) Der „Zweierwürfel“ besteht aus 8 Würfeln, ein „Dreierwürfel“ aus 27 Würfeln.
b) Die abgebildete Pyramide besteht aus 10 Würfeln. Für die nächste Stufe benötigt man 25 Würfel, die Pyramide mit drei Stufen benötigt 35 Würfel. (Die Pyramide mit vier Stufen würde 84 Würfel benötigen.)

47 Unmögliche Würfelbauten
a) Der Würfelbau kann so wie auf dem Foto nur mit Steckwürfeln gebaut werden, da die Spielwürfel sonst nicht aneinander halten und nach unten wegrutschen würden.
b) Für den Nachbau mit Spielwürfeln muss der Körper gedreht werden.
c) *verschiedene Lösungen sind möglich*
Es muss darauf geachtet werden, dass jeder Würfel einen „Unterbau“ hat.
rechts:

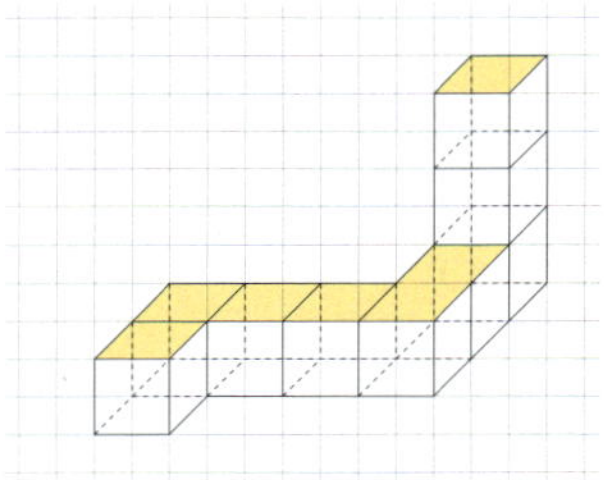

Seite 63

48 Würfelbauten
a) Diese Darstellung ist so, als ob man von schräg oben ein Foto machen würde. Bei einem Schrägbild sieht man direkt von vorne genau auf die Vorderflächen und zeichnet noch die Seitenflächen dran. Wenn man direkt von vorne ein Foto machen würde, würde man die Seitenflächen nicht sehen.

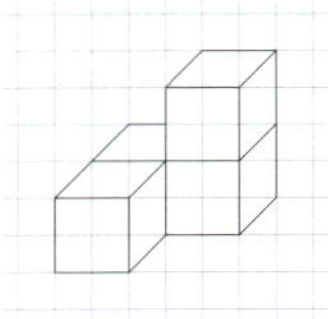

b) Die Draufsicht zeigt die Grundfläche des Würfelbaus. Die Zahl in der Draufsicht gibt an, wie viele Würfel an einer bestimmten Position übereinander gestapelt sind.
c) Der Würfelbau kann mit 7 kleinen Würfeln zu einem großen Würfel ergänzt werden.

3	3	3
3	3	2
2	1	0

d)

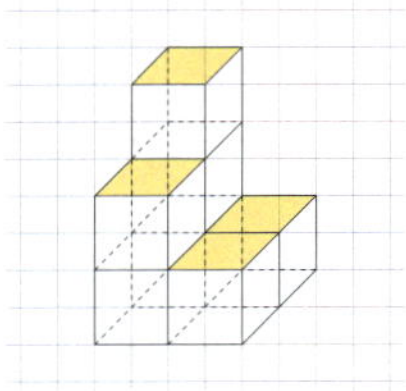

49 Spiel: Verpackungsexperten
Diese Aufgabe ist ein Spiel und hat deshalb keine Lösung.

Vertiefen 1 Sich große und kleine Dinge vorstellen und sie vergleichen

Seite 80

1 Gute Karten – schlechte Karten

a) links:
Das schwerste Tier ist der Elefant.

rechts:
Mit der Elefanten Karte kann Ole immer gewinnen. Er kann also sagen: „Das älteste/schwerste/größte Tier gewinnt."

b) links:
Merve kann nur gegen den Elefanten verlieren. Gegen die anderen Tiere, die alle kleiner sind, gewinnt sie immer.

rechts:
Till wird die Stubenfliege haben, denn mit ihr gewinnt er gegen alle anderen Tiere.

c) links:
Nur die Stubenfliege ist leichter, die anderen Tiere sind alle schwerer, darum gewinnt Pia gegen alle Tiere außer der Stubenfliege.

rechts:
Die Dachs-Karte ist keine gute Gewinnkarte, da der Dachs bei allen angegebenen Größen eher mittelmäßig ist. Am ehesten kann Pia vielleicht gewinnen, wenn sie sagt: „Das Tier, das am kleinsten ist, gewinnt" oder „Das Tier, das am wenigsten wiegt, gewinnt", denn bei diesen Aussagen gibt es nur zwei Karten, bei denen man verlieren kann (Stubenfliege und Vogelspinne).

d) *verschiedene Lösungen möglich*
Man könnte z. B. das Gnu wählen, es gewinnt …
- bei „kleinste Länge" gegen Alligator, Elefant und Flusspferd.
- bei „größte Länge" gegen Vogelspinne, Stubenfliege und Dachs.
- bei „geringstes Gewicht" gegen Alligator, Elefant und Flusspferd.
- bei „höchstes Gewicht" gegen Vogelspinne, Stubenfliege und Dachs.
- bei „niedrigstes Alter" gegen Alligator, Elefant und Flusspferd.
- bei „höchstes Alter" gegen die Stubenfliege.

e) Eine Karte ist dann eine gute Karte, wenn eine der Angaben (Länge, Gewicht oder Alter) entweder sehr groß oder sehr klein ist.
Wenn man z. B. die Stubenfliege mit dem sehr geringen Alter von 24 Tagen hat, kann man bei „niedrigstes Alter" gegen alle anderen Karten gewinnen.

2 Tiere sortieren

a) links:
Zecke, Biene, Clownfisch, Buchfink, Schildkröte, Eichhörchen, Pfeilschwanzkrebs, Seehund, Schwein, Giraffe
Beim Sortieren der Tiere kann man z. B. so vorgehen: Man sucht zwei Tiere aus, vergleicht ihre Angaben miteinander und ordnet sie dann entsprechend. Nun schaut man ein drittes Tier an, vergleichst es nacheinander mit den bereits sortierten Karten und ordnet es entsprechend ein. Genauso geht man auch mit den anderen Karten vor.
Beispiel: Vergleich der Länge von klein nach groß: Wenn man zuerst die Zecke und die Giraffe vergleicht, sieht man dass die Zecke kleiner ist. Man ordnet also: zuerst Zecke, dann Giraffe. Wenn man anschließend das Eichhörnchen anschaut, sieht man, dass es zwar größer als die Zecke, aber kleiner als die Giraffe ist.
Man ordnet also: Zecke, Eichhörnchen, Giraffe. …

rechts:
Nach Länge: Zecke, Biene, Clownfisch, Buchfink, Schildkröte und Eichhörnchen, Krebs, Seehund, Schwein, Giraffe
Nach Höchstalter: Biene, Zecke, Eichhörnchen, Krebs, Schwein, Buchfink, Clownfisch, Giraffe, Seehund, Schildkröte
Nach Gewicht: Zecke, Biene, Buchfink, Clownfisch, Eichhörnchen, Schildkröte, Pfeilschwanzkrebs, Schwein, Seehund, Giraffe
Die Reihenfolgen der Tiere unterscheiden sich, je nachdem ob man nach Länge, nach Gewicht oder Alter ordnet. Das liegt daran, dass z. B. größere Tiere nicht unbedingt auch schwerer sind. Z. B. gibt es auch sehr große (bzw. lange) Tiere, die relativ wenig wiegen, beispielsweise die Schlange.

b) links:
Je nach Auswahl der Karten sind hier verschiedene Lösungen möglich.

rechts:
Wenn man Schildkröte, Giraffe und Flusspferd auswählt, gewinnt jedes der drei Tiere einmal.

Seite 81

3 **Stille Post**
Diese Aufgabe ist ein Spiel und hat deshalb keine Lösung.
Bei diesem Spiel stellt sich jeder unter einer bestimmte Länge oder einem bestimmten Gewicht einen anderen Gegenstand oder ein anders Tier vor. Daher weichen Ende und Beginn der Stillen Post voneinander ab.

4 **Zahlenangaben veranschaulichen**
verschiedene Lösungen sind möglich
Beispiel: Ein Elefant ist 7 m lang.
Eine aufgeklappte Schultafel ist 4 m breit. Also ist der Elefant fast zweimal so lang, wie die Tafel breit ist.

5 **Fehlende Einheiten ergänzen**
(1) Ein Handy wiegt 125 **g**.
(2) Eine Postkarte wiegt 7 **g**.
(3) Mein Daumen ist etwa 1 **cm** breit.
(4) Ein Auto ist 3 **m** lang.
(5) Eine Stubenfliege wird 20 **Tage** alt.
(6) Mein Schulweg dauert 15 **min**.
(7) Eine Schultafel ist 100 **cm** hoch.
(8) Ein Zimmer ist 2,5 **m** hoch.

Vertiefen 2 Längen, Gewichte und andere Größen messen

Seite 82

6 **Verschiedene Messwerkzeuge**
links:
(1) Küchenwaage: Gewicht (z. B. Lebensmittel), bis max. 5 kg
(2) Maßband: Länge (z. B. Stoff), bis zu 2 m
(3) Lineal: Länge (z. B. beim Zeichnen), hier bis 20 cm
(4) Zollstock: Länge (z. B. Möbel), bis zu 2 m
(5) Thermometer: Temperatur (z. B. Körpertemperatur oder Raumtemperatur), abhängig von der Skala
(6) Tachometer: Geschwindigkeit (z. B. in Fahrzeugen), bis etwa 240 km/h
(7) Messbecher: Volumen oder Gewicht (z. B. Backzutaten), hier bis 1 Liter

rechts:
(1) Messschieber: Länge (z. B. Metall), besonders genaue Werte bis etwa 10 cm
(2) Messrad: Länge (z. B. Straßenvermessung) große Werte möglich
(3) Briefwaage/Neigungswaage: Gewicht (z. B. Briefe), sehr genaue Grammangaben
(4) Balkenwaage: Gewicht, eher kleinere Werte (abhängig vom Gegengewicht)
(5) Babywaage: Gewicht, bis zu 10 kg

Seite 83

7 **Größenangaben an Messwerkzeugen ablesen**
Linkes Thermometer: 37 °C
Rechtes Thermometer: 38,5 °C
Maßband am Holzbrett: ca. 9,5 cm
Personenwaage: 52 kg
Wasserstandsmesser: 65 dm

8 **Tierlängen mit Fäden vergleichen**
Diese Aufgabe ist ein Spiel und hat deshalb keine Lösung.

Seite 84

9 **Mit dem Körper messen**
a) Elle: der Abstand zwischen Ellbogen und Mittelfingerspitze
Spanne: der Abstand zwischen Daumenspitze und Spitze des kleinen Fingers
Fuß: die Länge des Fußes
Schritt: ein Schritt, von Fußspitze zu Fußspitze
Klafter: die Spannweite der Arme
b) *verschiedene Lösungen sind möglich*
c) *verschiedene Lösungen sind möglich*
d) *verschiedene Lösungen sind möglich*
Mögliche Fragen sind z. B.:
Wie viele Ellen von dir sind bei dir ein Klafter?
Wie viele Ellen von dir sind bei dir ein Schritt?
Wie viele Fuß von dir sind bei dir eine Spanne?

10 **Die Geschichte vom Tisch**
verschiedene Lösungen sind möglich
Die Beschreibung der Bilder kann z. B. so lauten:
Der Stuhl hat zu lange Beine für den Tisch, darum kann man nicht gut an dem Tisch sitzen. Der Mann kürzt die Beine des Stuhls, damit er zum Tisch passt. Ohne zu messen sägt er die Stuhlbeine ab. Nach dem Abschneiden ist der Stuhl leider zu klein. Der Mann hätte erst nachmessen sollen wie hoch der Stuhl sein muss.
Es gibt verschiedene Möglichkeiten, wie der Mann vorgehen könnte, z. B.:

1) Der Mann könnte vor dem Sägen die Beinhöhe und den gewünschten Abstand zwischen Stuhlfläche und Tischfläche messen.
2) Der Mann könnte bei einem anderen Tisch und Stuhl, bei denen die Höhe passt, die Tisch- und Stuhlhöhe abmessen. Nach diesen Maßen könnte er dann seinen Tisch und Stuhl absägen.
3) Der Mann könnte den Tisch durch Unterlegen von Büchern oder ähnlichem erhöhen bis er zur Stuhlhöhe passt. Er könnte dann die aufgestockte Höhe abmessen und diese vom Stuhl absägen.

11 **Messen ohne Messwerkzeuge**
(1) Pia könnte ihre eigene Armlänge als Vergleichsgegenstand nehmen und damit den Schrank abmessen *(Verfahren B)*. Zu Hause könnte sie dann dasselbe mit der Wand in ihrem Zimmer machen und die Maße miteinander vergleichen.
(2) Um gleich viel Zucker und Mehl im Kuchen zu haben, muss er für beide Zutaten dasselbe Gefäß benutzen (z. B. eine Tasse) *(Verfahren A)*.
(3) Ole kann hier mit beliebigen Vergleichsgegenständen abmessen, wichtig ist nur, dass das Mischungsverhältnis stimmt. Er könnte ein halbes Glas Sirup und 5 volle Gläser Wasser mischen. *(Verfahren B)*. Als Alternative könnte er aber auch einen Messbecher verwenden und z. B. 50 ml Sirup mit 500 ml Wasser mischen *(Verfahren C)*.

Vertiefen 3 Einheiten erkennen und vergleichen

Seite 85

12 **Fehlende Einheiten ergänzen**
links:
(1) Mein Daumen ist 12 **mm** breit.
(2) Meine Katze ist 95 **cm** lang.
(3) Unser Fernseher ist 105 **cm** breit.
(4) Mein Bruder ist 140 **cm** groß.
(5) Eine Tür ist 2000 **mm** hoch.

rechts:
(1) Unser Baby wiegt 3530 **g**.
(2) Unser Auto ist 250 **cm** lang.
(3) Mein Schulweg dauert 240 **s**.
(4) Ein Zimmer ist 2500 **mm** hoch.
(5) Meine Oma ist 22.000 **Tage** alt.

13 **Einheiten-Sammelkarten tauschen**
Diese Aufgabe ist ein Spiel und hat deshalb keine Lösung.

Seite 86

14 **Einheiten mit System**
a) Im Lexikoneintrag kann man lesen, dass Kilo „tausend" bedeutet. Wenn Kilo also vor einer Einheit steht, bedeutet es, dass diese Einheit tausendmal in der „Kilo-Einheit" enthalten ist.
Bsp.: Ein Kilogramm enthält tausend Gramm, also ist 1 kg = 1000 g.

b)

Vorsilbe	Abkürzung	Bedeutung	Herkunft	Beispiele
Kilo-	k	Tausend	griechisch	Kilometer, Kilogramm
Hekto-	h	Hundert	griechisch	Hektoliter
Deka-	da	Zehn	griechisch	Dekameter, Dekagramm
Dezi-	d	Zehntel	lateinisch	Dezimeter
Zenti-	c	Hundertstel	lateinisch	Zentimeter
Milli-	m	Tausendstel	lateinisch	Millimeter, milliliter, Milligramm

c) 1 Dezieuro wären 0,10 € = 10 ct
1 Zentitonne wären 0,01 t = 10 kg
1 Kilocent wären 1000 ct = 10 €
1 Hektogramm wären 100 g

15 **Merkwürdige Einheit**
„dag" bedeutet „Dekagramm" (10 g).
Diese Angaben muss man umrechnen:
20 dag = **200 g** Mehl
25 dag = **250 g** Topfen (oder Quark)
5 dag = **50 g** Butter
5 dag = **50 g** Zucker

Vertiefen 4 Größen vergleichen und umrechnen

Seite 87

16 Schlagzeilen überprüfen

a) Unterricht: realistisch, aber sicher nicht sinnvoll, denn 2400 : 60 = 40, das wären 40 h; geteilt durch 5 Tage ergibt das 40 : 5 = 8, also 8 Stunden (ungefähr 10 bis 11 Schulstunden) pro Tag
Wandertag: unrealistisch, denn die Laufgeschwindigkeit beträgt 4 bis 6 km pro Stunde
Das ergibt: 8 · 4 = 32 und 8 · 6 = 48
Bei einer Wanderung von 8 Stunden schafft man also höchstens 32 bis 48 km.
(Wenn man bei den 90 km auch die Anfahrt, z. B. mit dem Bus, mitrechnet, dann wäre der Wert realistisch.)
Erde: unrealistisch, da 4 000 000 kg = 4000 t, so viel wiegt ein Gebäude
Schwerster Mann: realistisch, der schwerste Mann wiegt sogar 592 kg
Tauchlehrer: realistisch, der momentane Weltrekord liegt sogar bei 19 Minuten
Mallorca: unrealistisch, denn es gibt nur 82 Millionen deutsche Staatsbürger
Berg: realistisch, Höhenangaben werden normalerweise in Meter angegeben, 7 km = 7000 m
Elefant: realistisch, denn ein Pferd wiegt zwischen 300 kg und 800 kg, ein Elefant 4 t bis 7 t

b) *verschiedene Lösungen sind möglich*
Bsp. für eine Schlagzeile, die stimmen kann: „Größtes Schnitzel im Gasthaus Krone: 250 000 mg!!" (250 000 mg = 250 g, realistisches Gewicht für ein großes Schnitzel)
Bsp. für eine Schlagzeile, die nicht stimmen kann: „Tolle Leistung: Mit dem Fahrrad in einer Woche von Berlin nach Madrid!!" (Berlin-Madrid sind ca. 2400 km, d. h. eine Tagesetappe wären ca. 340 km, bei einer täglichen Fahrdauer von 8 Stunden müsste man also eine durchschnittliche Geschwindigkeit von über 40 km pro Stunde schaffen, das ist selbst für geübte Fahrradfahrer unrealistisch.)

17 Kann das sein? Ist das normal?

a) (1) Ein Auto kostet **120 €**. *Unrealistisch.*
(2) Der Kölner Dom ist **1590 m** hoch. *Unrealistisch, (reale Höhe ist 157,38 m).*
(3) Eine Kuh wiegt **15 kg**. *Unrealistisch.*
(4) Ein dreistöckiges Haus ist **7,5 m** hoch. *Realistisch, jedes Stockwerk ist knapp 2 m hoch.*
(5) Ein DIN-A4-Blatt ist **29,7 cm** lang und wiegt **5 g**. *Realistisch.*
(6) Der Mount Everest ist **8844 m** hoch. *Realistisch und stimmt.*
(7) Eine Spielkarte ist **10 cm** lang. *Realistisch.*
(8) Der Rhein ist **1,28 km** lang. *Unrealistisch.*
(9) Jakob kauft ein Fahrrad für **249 €**. *Realistisch.*

b) *verschiedene Lösungen möglich*

Seite 88

18 Umrechnen mit Tabellen

a) Die Umrechnung (1) kann man aus der Tabelle ablesen. Die anderen beiden Umrechnungen sind falsch.

b) Man kann folgende Umrechnungen ablesen:
28 m = 280 dm
28 m = 2800 cm
28 m = 28 000 mm
280 dm = 2800 cm
280 dm = 28 000 mm
2800 cm = 28 000 mm

c) (1) ist falsch, richtig wäre 25 000 kg = **25** t.
(2) ist falsch, richtig wäre 3700 dm = **370** m.
(3) ist richtig.

19 Gleich und nicht gleich

a) (1) 25 000 g = 25 kg
(2) 25 000 kg = 25 t
(3) 12 000 m = 12 km
(4) 12 km = 12 000 m
(5) 12 cm = 120 mm

b) Merve meint, dass sich zwar die Zahlen und Einheiten verändern, die Größe aber trotzdem gleich bleibt.

c) Man kann eine Größe auf verschiedene Weisen in der Form „Zahlenwert Einheit" schreiben. Wenn man die Einheit verkleinert, dann vergrößert sich der Zahlenwert und umgekehrt. Die Größe bleibt dabei gleich.
Bsp.: 2 km = 2000 m: der Zahlenwert wird größer und die Einheit wird kleiner, die Größe (hier: Länge) bleibt aber gleich.

20 Immer weniger, immer mehr

a) links:
2 t = **2000** kg
20 t = **20 000** kg
200 t = **200 000** kg
2000 t = **2 000 000** kg

Muster: Die Zahlen werden immer mit dem Faktor 10 vergrößert.
Fortsetzung: 20 000 t = 20 000 000 kg

rechts:
4444 t = **4 444 000** kg = **4 444 000 000** g
444 t = **444 400** kg = **444 400 000** g
44 t = **44 440** kg = **44 440 000** g
4 t = **4444** kg = **4 444 000** g
Muster: Bei den Zahlen wird immer die erste Ziffer gestrichen, d. h. die Zahlen werden nacheinander um 4000, 400, 40 usw. verkleinert.

b) links:
5 km = **5000** m
50 km = **50 000** m
500 km = **500 000** m
5000 km = **5 000 000** m
Muster: Die Zahlen werden immer mit dem Faktor 10 vergrößert.
Fortsetzung: 50 000 km = 50 000 000 m

rechts:
3 700 000 cm = **37 000** m = **37** km
370 000 cm = **3700** m = **3,7** km
37 000 cm = **370** m = **0,37** km
3700 cm = **37 m** = **0,037** km
Muster: Die Zahlen werden immer mit dem Faktor 10 verkleinert.
Fortsetzung: 370 cm = 3,7 m = 0,0037 km

Seite 89

21 Wie viele Nullen?

a) 27 km = **27 000** m
27 cm = **270** mm
27 t = **27 000** kg
27 kg = **27 000** g
Die Umrechnung **27 cm = 270 mm** fällt raus, weil sich hier der Zahlenwert nicht wie bei den anderen Aufgaben um den Faktor 1000 vergrößert, sondern nur um den Faktor 10.

b) 13 000 kg = **13** t
13 000 mm = **13** m
13 000 cm = **130** m
13 000 g = **13** kg
Die Umrechnung **13 000 cm = 13 m** fällt raus, weil hier nicht wie bei den anderen Aufgaben in die nächstgrößere Einheit mit der Umrechnungszahl 1000 umgerechnet wird, sondern mit der Umrechnungszahl 100 über zwei Einheitsschritte.

22 Einfache und schwierige Umrechnungen

a)

(1)	120 mm = **12** cm	12 dm = **120** cm
	1 cm = **10** mm	1 m = **1000** mm
	3 **dm** = 30 cm	37 000 **m** = 37 **km**
	1 dm = **100** mm	200 mm = 2 **dm**
(2)	20 000 g = 20 **kg**	15 000 mg = 15 **g**
	2 t = **2000** kg	**23 000** g = 23 kg
	1 kg = **1000** g	17 t = **17 000 000** g
	12 g = **12 000** mg	25 000 000 **g** = 25 **t**

b) Vermutlich fallen einem die Umrechnungen leichter, bei denen direkt in die nächstgrößere bzw. nächstkleinere Einheit umgerechnet wird. Diese Umrechnungen können einem dann auch helfen, wenn man z. B. in die zweit- oder drittgrößere bzw. -kleinere Einheit umrechnen muss.

c) *verschiedene Lösungen sind möglich*

23 Fehlersuche beim Umrechnen

a) Bei der 1., 2. und 5. Aufgabe sind Till Fehler unterlaufen. Er hat zwar mit der richtigen Zahl multipliziert, aber dann den Zahlenwert vergrößert statt verkleinert bzw. die falsche Einheit dazugeschrieben.
Till könnte sich vor der Umrechnung überlegen, welches die größere und welches die kleinere Einheit ist und dass der Zahlenwert bei der größeren Einheit kleiner sein muss als bei der kleineren Einheit.
Er könnte aber auch sein Ergebnis kritisch prüfen, indem er sich z. B. fragt: „Kann es sein, dass 2 g genauso schwer sind wie 2000 kg?“

b) So sind Oles Umrechnungen richtig:
2 km = **2000** m
300 kg = **0,3** t oder **3000** kg = 3 t
1 kg = **1000** g
Ole hat falsche Umrechnungsfaktoren benutzt, deswegen erhält er falsche Zahlenwerte.
Tipp: Bei kg und km könnte er sich merken, dass das Wort „Kilo“ aus dem Griechischen kommt und „tausend“ bedeutet. Also heißt Kilogramm nichts anderes als „Tausend-Gramm“ und Kilometer nichts anderes als „Tausend-Meter“. Umrechnungsfaktoren, die sich nicht vom Wort ableiten lassen, muss man auswendig lernen, um solche Fehler zu vermeiden.

Seite 90

24 Echsen sortieren

a) Sortieren nach Gewicht (leicht nach schwer)
Zwerggecko: 3000 mg (= 3 g)
Zauneidechse: 80 g
Komodowaran: 1400 g
Compsognathus: 3000 g
Leistenkrokodil: 1 t = 1 000 000 g
Brachiosaurus: 80 t = 80 000 000 g
Blauwal: 130 t = 130 000 000 g
Sortieren nach Länge (klein nach groß)
Zwerggecko: 16 mm = 1,6 cm
Zauneidechse: 25 cm
Compsognathus: 60 cm
Komodowaran: 3 m = 300 cm
Leistenkrokodil: 7000 mm = 700 cm
Brachiosaurus: 2500 cm
Blauwal: 3300 cm

b) Vermutlich ist das Sortieren nach Länge einfacher, weil hier nur zwei verschiedene Maßeinheiten angegeben sind, die man umrechnen musste. Beim Gewicht werden drei verschiedene Maßeinheiten benutzt, darum war es dort vermutlich etwas schwieriger.

25 Größenpuzzle

Diese Aufgabe ist ein Spiel und hat deshalb keine Lösung.

Vertiefen 5 Mit Größen rechnen

Seite 91

26 Sich eine Situation zu einer Aufgabe vorstellen

a) links:
(1) Zuerst muss alles in die gleiche Einheit umgerechnet werden: 200 cm = 2000 mm und 2000 mm + 15 mm = **2015** mm
(2) 1 m = 100 cm und 100 cm + 250 cm = **350** cm
(3) 1000 g = 1 kg und 1 kg + 1 kg = **2** kg
(4) 1 kg = 1000 g und 1000 g – 250 g = **750** g

rechts:
(1) Zuerst muss alles in die gleiche Einheit umgerechnet werden: 100 cm = 1 m und 1000 m – 1 m = **999** m
(2) 30 cm = 300 mm und 300 mm – 15 mm = **285** mm
(3) 1000 g = 1 kg und 1 t = 1000 kg und 1 kg + 1000 kg = **1001** kg
(4) 1500 t = 1 500 000 kg und 1 500 000 kg – 500 kg = **1 499 500** kg

b) *verschiedene Lösungen sind möglich,* z. B.:

(1)	Die Gesamthöhe eines Regals berechnet sich aus der 200 cm hohen Seitenwand und der 15 mm dicken Deckplatte.	Bei einem Lauf sollen 1000 m gelaufen werden, 100 cm = 1 m vor dem Ziel stürzt einer der Läufer.
(2)	Die Breite einer Einbahnstraße setzt sich aus dem 1 m breiten Fahrradweg und der 250 cm breiten Fahrspur für die Autos zusammen.	Von einem 30 cm langen Papierstreifen wird ein 15 mm breiter Rand abgeschnitten.
(3)	1 kg Rinderhackfleisch wird mit 1000 g Schweinehackfleisch gemischt.	Zu einem Container, der 1 t Schrott enthält, wird nun noch 1 kg Schrott hinzugekippt.
(4)	Von 1 kg Obstsalat wurde eine Portion von 250 g bereits gegessen.	Von einem großen Fährschiff, das 1500 t wiegt, fährt ein Auto mit dem Gewicht 500 kg herunter.

27 Das Ergebnis in einer festgelegten Einheit angeben

links:

a) Zuerst muss alles in die gleiche Einheit umgerechnet werden: 1 m = 100 cm und 100 cm + 1 cm = **101** cm
1 km = 1000 m und 1000 m + 1 m = **1001** m
1 kg =1000 g und 1000 g + 1 g = **1001** g
1 t = 1000 kg und 1000 kg + 1 kg = **1001** kg

b) 1 cm = 10 mm und 10 mm + 2 mm = **12** mm
1 dm = 10 cm und 10 cm + 2 cm = **12** cm
1 m = 10 dm und 10 dm + 2 dm = **12** dm
1 km = 1000 m und 1000 m + 2 m = **1 002** m

c) 1 m = 100 cm und 100 cm + 23 cm = **123** cm
1 m = 100 cm und 100 cm + 100 cm = **200** cm
1 m = 1000 mm
und 1000 mm + 23 mm = 1023 mm
1 m = 100 cm und 2300 mm = 230 cm
und 100 cm + 230 cm = **330** cm

d) 1 kg = 1000 g und 1000 g + 200 g = **1200** g
1 kg = 1000 g und 1000 g + 2000 g = **3000** g
2 t = 2000 kg und 2000 kg + 340 kg = **2340** kg
2 t = 2000 kg und 2000 kg + 3400 kg = **5400** kg

a) rechts:
1 km = 100 000 cm und 1 m = 100 cm
und 100 000 cm + 100 cm + 1 cm = **100 101** cm
1 m = 1000 mm und 1 dm = 100 mm und
1 cm = 10 mm
und 1000 mm + 100 mm + 10 mm + 1 mm
= **1 111** mm
1 t = 1 000 000 g und 1 kg = 1000 g
und 1 000 000 g + 1000 g + 1 g = **1 001 001** g
1 m + 1 kg + 1 cm = (**nicht lösbar**);
Länge in m/cm und Gewicht in kg lassen sich nicht addieren

b) Einheit mm: 1 dm = 100 mm und 2 cm = 20 mm
und 100 mm + 20 mm + 3 mm = **123 mm**
Einheit cm: 1 m = 100 cm und 2 dm = 20 cm
und 100 cm + 20 cm + 3 cm = **123 cm**

c) Einheit dm: 1 km = 10 000 dm und 2 m = 20 dm
und 10 000 dm + 20 dm + 3 dm = **10 023 dm**
Einheit mm: 1 m = 1000 mm und 100 cm
= 1000 mm
und 1000 mm + 1000 mm + 1000 mm = **3000 mm**
Einheit mm: 1 m = 1000 mm und 500 cm
= 5000 mm
und 1000 mm + 5000 mm + 5000 mm
= **11 000 mm**
Einheit cm: 1 m = 100 cm
und 100 cm + 2300 cm = **2400 cm**

d) Einheit g: 2 kg = 2000 g
und 2000 g + 2500 g = **4500 g**
Einheit g: 1 kg = 1000 g
und 1000 g + 100 g + 1000 g = **2100 g**
Einheit g: 1 t = 1 000 000 g und 5000 kg
= 5 000 000 g
und 1 000 000 g + 5 000 000 g + 5 000 000 g
= **11 000 000 g**

28 Fehlersuche

a) So sind Tills Aufgaben richtig:
2 m + 2 cm = **202** cm;
denn 2 m = 200 cm und 200 cm + 2 cm = 202 cm
170 cm + 5 mm = **1705** mm;
denn 170 cm = 1700 mm und 1700 mm + 5 mm
= **1705** mm
So sind Merves Aufgaben richtig:
300 g + 2 kg = **2300** g;
denn 2 kg = 2000 g und 300 g + 2000 g = 2300 g
22 mm – 1 cm = **12** mm;
denn 1 cm = 10 mm und 22 mm – 10 mm = 12 mm

b) *Tipp:* Wandle vor dem Rechnen alle Größen in dieselbe Einheit um!

Seite 92

29 Vergrößern und Verkleinern in gleichen Schritten

(1) *Regel:* Größe verzehnfachen;
denn 1 dm · 10 = 10 dm = 1 m und
1 m · 10 = 10 m
Fortsetzung: 100 m, 1 km, 10 km

(2) *Regel:* Größe durch 10 teilen;
denn 20 kg : 10 = 2 kg und
2 kg : 10 = 2000 g : 10 = 200 g
Fortsetzung: 20 g, 2 g, 200 mg

(3) *Regel:* Größe verdoppeln;
denn 5 mm · 2 = 10 mm = 1 cm und
1 cm · 2 = 2 cm
Fortsetzung: 4 cm, 8 cm, 16 cm

(4) *Regel:* Größe halbieren;
denn 2 kg : 2 = 1 kg und
1 kg : 2 = 1000 g : 2 = 500 g
Fortsetzung: 250 g, 125 g, 62,5 g

30 Rechnen mit groß und klein

a) links:

(1) 5 t = 5000 kg und 3 t = 3000 kg,
5000 kg + 3000 kg + 140 kg = 8140 kg
Zusammen wiegen sie 8140 kg.

(2) 1493 m – 278 m = 1215 m
Die Feldbergspitze liegt um 1215 m höher.

(3) 4 m = 400 cm, und
400 cm – 10 cm = 390 cm
Die Schlange ist 390 cm gewachsen.

rechts:

(1) 22 kg = 22 000 g und
22 000 g + 420 g + 440 g + 455 g + 425 g
= 23 740 g = 23,74 kg
Zusammen wiegen sie 23,74 kg.

(2) 1 g = 0,001 kg und
55 kg – 0,001 kg = 54,999 kg
Das Känguruh nimmt 54,999 kg zu.

(3) 1 t = 1000 kg
Ein Fünftklässler wiegt durchschnittlich 40 kg.
1000 kg : 40 = 25 kg
Vom Gewicht her passen etwa 25 Kinder in den Aufzug.

b) *verschiedene Lösungen sind möglich*
Diese Aufgaben könnte man sich z. B. ausdenken:

(1) *Aufgabe:* Eine trächtige Hündin wiegt 22 kg und 400 g. Sie bekommt vier Welpen, von denen jedes etwa 200 g wiegt.
Wie viel wiegt die Hündin nach der Geburt?
Lösung: 200 g · 4 = 800 g
22 kg 400 g = 22 400 g; 22 400 g – 800 g
= 21 600 g
Die Hündin wiegt nach der Geburt 21 kg 600 g.

(2) *Aufgabe:* Ein Nilpferd und ein Eichhörnchen wollen zusammen wippen. Wie viele Freunde muss das Eichhörnchen mitbringen, damit es das gleiche Gewicht wie das Nilpferd hat, so dass sie gemeinsam wippen können?
Lösung: Gewicht eines Nilpferdes: 1 t bis 1500 kg
Gewicht eines Eichhörnchens: 300 g bis 400 g
1500 kg = 1 500 000 g
1 500 000 : 300 = 5000
Das Eichhörnchen müsste etwa 5000 Freunde mitbringen, damit es mit dem Nilpferd wippen kann.

31 Schneckentempo
verschiedene Lösungen sind möglich
Um diese Aufgabe zu lösen, muss man wissen, wie lange eine Schnecke lebt, wie weit sie täglich kriecht, wann sie schläft, etc.
Die Lösung könnte z. B. so aussehen:
Eine Weinbergschnecke kann bis zu 20 Jahre alt werden:
20 · 365 = 7300 Tage lebt die Schnecke

Im Lexikon oder Internet kann man nachlesen, dass die Schnecke von Oktober bis März oft nicht aktiv ist (6 Monate) und im Sommer wenn es zu warm ist auch nicht (ca. 1 Monat). Daher ruht sie 7 Monate im Jahr und bei einer Lebenszeit von 20 Jahren ergibt sich: 20 · 7 = 140 Monate Ruhe-/Schlafzeit
Jeder Monat hat durchschnittlich 30 Tage.
140 · 30 = 4200
Von ihrer gesamten Lebenszeit von 7300 Tagen ruht und schläft sie ungefähr 4200 Tage. Die Differenz gibt die Zeit, in der sie aktiv ist und kriechen kann.
7300 – 4200 = 3100
Die Schnecke hat also 3100 Tage, an denen sie unterwegs sein kann.

Im Lexikon oder Internet findet man, dass eine Schnecke pro Minute ca. 7 cm zurücklegt und pro Tag etwa 10 Stunden aktiv ist.
Eine Stunde hat 60 Minuten, 60 · 7 = 420.
420 cm legt sie pro Stunde zurück.
Die Schnecke ist 10 Stunden am Tag aktiv,
10 · 420 = 4200. 4200 cm legt sie pro Tag zurück.
An 3100 Tagen in ihrem Leben ist die Schnecke aktiv, 3100 · 4200 = 13 020 000.
13 020 000 cm = 130 200 m = 130 km 200 m
Die Schnecke legt im Leben ungefähr 130 km und 200 m zurück.

Seite 93

32 Urlaubsauto beladen
verschiedene Lösungen sind möglich
Die Lösung könnte z. B. so aussehen:
Das zulässige Gesamtgewicht des Autos beträgt 1695, das Leergewicht 1208. 1695 – 1208 = 487, es dürfen also 487 kg zugeladen werden.
Einige Angaben der Zuladung sind nicht angegeben und müssen geschätzt werden:
Personen: 82 kg + 66 kg + 51 kg + 43 kg + 24 kg = 266 kg
Zelt: 49 kg
Campingtisch: geschätzt 3 kg
Klappstühle: geschätzt 5 · 3 kg = 15 kg
Koffer: ca. 4 · 20 kg = 80 kg
Lebensmittelkiste: 22 kg
Kleinkram: geschätzt 10 kg
266 + 49 + 3 + 15 + 80 + 22 + 10 = 445
Die gesamte Zuladung wiegt somit 445 kg.
Da bis zu 487 kg zugeladen werden dürfen, ist das Auto also nicht überladen.

33 Ein Regalsystem planen
verschiedene Lösungen sind möglich
Die Lösung könnte z. B. so aussehen:

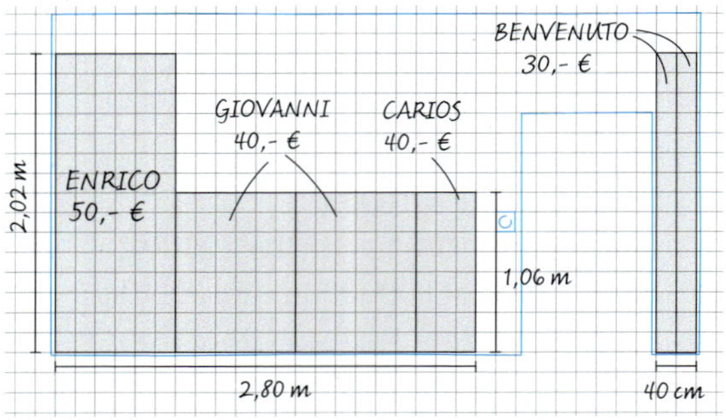

Links von der Tür muss der Lichtschalter berücksichtigt werden. Daneben passen folgende Regale: einmal das Regal „Enrico“, zweimal „Giovanni“ und einmal „Carlos“
Breite: 80 cm + 80 cm + 80 cm + 40 cm = 280 cm
Höhe: 202 cm, 106 cm, 106 cm; also von 106 cm bis 202 cm
Tiefe: alle Regaltiefen sind 28 cm
Kosten: 50 € + 40 € + 40 € + 40 € = 170 €

Rechts von der Tür passt zweimal das Regal „Benvenuto“.
Breite: 20 cm + 20 cm = 40 cm
Höhe: 202 cm
Tiefe: 17 cm
Kosten: 2 · 30 € = 60 €

Gesamtkosten: 170 € + 60 € = 230 €
Alles zusammen würde 230 € kosten.

Vertiefen 1 Brüche im Alltag

Seite 106

1 Schokoladenstücke

a) ① $\frac{1}{24}$ ② $\frac{1}{15}$ ③ $\frac{1}{18}$
④ $\frac{1}{30}$ ⑤ $\frac{1}{28}$
Hier hängt es davon ab, was man mit einer „Reihe" meint. Eine „Reihe" kann entweder die Länge oder die Breite der Schokoladentafel sein.

b) ① $\frac{1}{6}$ oder $\frac{1}{4}$ ② $\frac{1}{5}$ oder $\frac{1}{3}$ ③ $\frac{1}{6}$ oder $\frac{1}{3}$
④ $\frac{1}{10}$ oder $\frac{1}{3}$ ⑤ $\frac{1}{7}$ oder $\frac{1}{4}$

2 Kuchenstücke teilen

a) Wenn die Kuchenstücke gleich verteilt werden, bekommt jeder von jedem Kuchenstück ein halbes Stück bzw. insgesamt $\frac{3}{2}$.

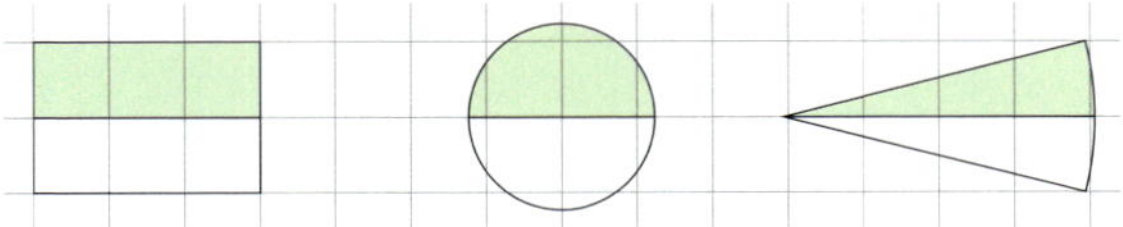

oder

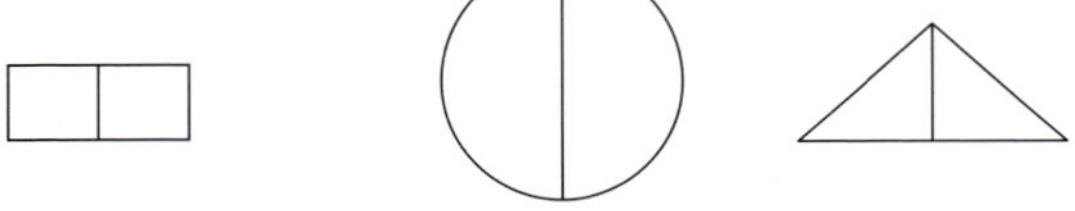

b) *verschiedene Lösungen sind möglich*
Mögliche Zeichnungen könnten so aussehen:

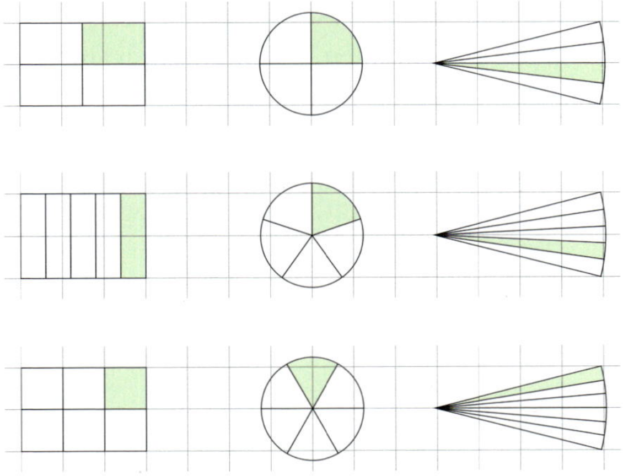

3 Pizza teilen

a) Jede der 4 Personen bekommt $\frac{2}{4}$, also eine halbe Pizza. Zeichnerisch kann man das unterschiedlich darstellen, je nachdem, ob man von einer kreisförmigen oder einer rechteckigen Pizza ausgeht.

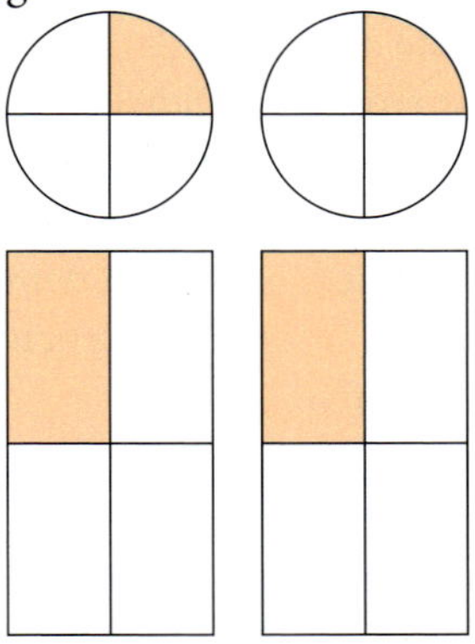

b) Jede der 5 Personen bekommt $\frac{2}{5}$ der Pizza. Zeichnerisch kann man das so darstellen:

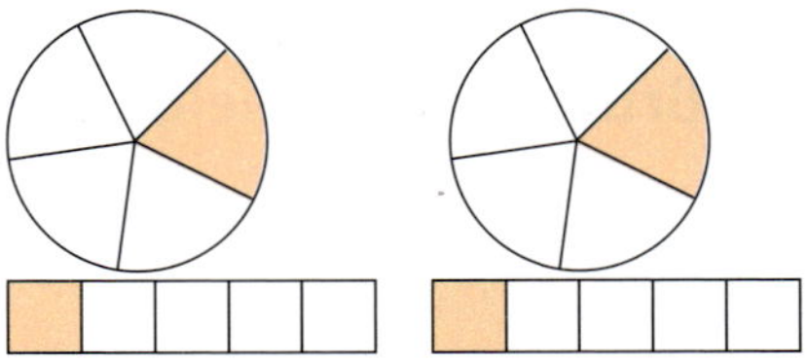

c) Jeder bekommt nun $\frac{3}{5}$ der Pizza.
Wenn noch weitere Pizzen dazu kommen wird der Zähler größer und der Nenner bleibt gleich. Das heißt jeder bekommt auch von der dritten Pizza ein Stück während die Stücke von den beiden anderen Pizzen gleich bleiben.

d) Wenn mehr Personen hinzukommen, aber die Anzahl der Pizzen gleich bleibt, wird der Nenner größer (bei gleichem Zähler), d. h. jeder bekommt kleinere Stücke. Die Lösung ist dann $\frac{3}{6}$, also $\frac{1}{2}$ Pizza, die jeder bekommt.

e) Wenn jede Person eine Pizza mitbringt, vergrößern sich Zähler und Nenner jeweils um 1. Damit vergrößern sich die Anteile pro Person. Das sieht man so: Von der Pizza, die dazu kommt, bekommt die neue Person den Teil den alle anderen von den bereits vorhandenen Pizzen bekommen.
Der Rest der neuen Pizza wird dann wieder auf alle aufgeteilt. Damit bekommt jeder mit jeder neuen Person etwas mehr Pizza.

Seite 107

4 Brüche im Alltag

a) Die Bilder „Entchen", „Menschen mit Hund", "Spiegeleier", „Adventskranz", „Tomate und Gurke", „Erdbeere", „Puzzle", „Streichhölzer" und „Wegweiser" stellen den Bruch $\frac{3}{4}$ dar.

b) Im Paprikabild kann man den Bruch $\frac{1}{5}$ (oder $\frac{4}{5}$) erkennen (1 der 5 Paprikas ist eine Chillischote). Am Käsekuchen könnte der Bruch $\frac{1}{12}$ (oder $\frac{11}{12}$) dargestellt werden, da eins der 12 Stücke (wenn alle gleich groß sind) bereits geschnitten wurde. Bei den Eiern ist die Zahl $\frac{2}{4} = \frac{1}{2}$ dargestellt. Außerdem findet man in jedem Bild, in dem man $\frac{3}{4}$ gefunden hat, auch immer den Bruch $\frac{1}{4}$.

c) *verschiedene Lösungen sind möglich*

5 Brüche in Situationen

a) *verschiedene Lösungen sind möglich*
5 Stücke Kuchen auf dem Tisch können an 3 Kinder verteilt werden. Jedes Kind bekommt somit $\frac{5}{3}$ Stücke.

b) Die Situation (2) passt zu dem Bruch $\frac{4}{5}$, denn 4 Pizzen werden durch 5 Kinder geteilt.
(1) stellt den Bruch $\frac{5}{4}$ dar. (3) $\frac{4}{6}$

c) *verschiedene Lösungen sind möglich*
Eine mögliche Lösung ist:
(1) $\frac{2}{3}$ (2 Pizzen durch 3 Kinder)
(2) $\frac{4}{12}$ (4 Kuchen durch 12 Kinder)
(3) $\frac{2}{5}$ (2 Tafeln Schokolade durch 5 Kinder)

d) *verschiedene Lösungen sind möglich*
Mögliche Lösungen sind:
(1) 3 Pizzen werden an 8 Kinder verteilt. Jeder bekommt gleich viel.
(2) Ein Kuchen wird in 8 Stücke unterteilt. Till, Ole und Pia essen jeweils ein Stück. Wie groß ist der Anteil, den sie gegessen haben?
(3) 3 von 8 Kindern trinken eine heiße Schokolade.

Vertiefen 2 Brüche haben viele Gesichter

Seite 108

6 Brüche erkennen

a) ① $\frac{1}{3}$ ② $\frac{1}{4}$ ③ $\frac{1}{8}$
④ $\frac{1}{16}$ ⑤ $\frac{2}{6}$ oder $\frac{1}{3}$

7 Unterschiedliche Viertel

a) an Ole: Das ist immer ein Viertel, aber von unterschiedlich großen Quadraten, denn $\frac{1}{4}$ bezeichnet keine Größe, sondern einen Anteil.

b) an Merve: Man kann ein Quadrat auf unterschiedliche Arten in Viertel zerlegen.
Wichtig ist nur, dass alle entstandenen Teile Viertel sind, die Form spielt dabei keine Rolle. Mit 4 Vierteln lässt sich immer die ganze Figur lückenlos auslegen.

8 Das Ganze verändern

Till meint: Wenn man die Größe des Ganzen vergrößert **und den Anteil gleich lässt** (hier vorher und nachher $\frac{1}{6}$), dann wird auch die Größe jedes einzelnen Teils größer (das rote Feld ist nachher größer).
Pia meint: Wenn man die Größe des Ganzen vergrößert (hier doppelt so groß wie vorher) **und lässt den Teil gleich groß,** dann wird der Anteil kleiner, hier: vorher war das rote Feld $\frac{1}{6}$ des Rechtecks, danach ist es $\frac{1}{12}$ des Rechtecks.

9 Das Ganze bleibt gleich

a) Wenn man den Teil größer macht und das Ganze bleibt gleich, dann wird der Anteil am Ganzen größer.
Man kann sich das mit einem Blech Pizza vorstellen, das man mit 5 Freunden teilen möchte. Gerecht aufgeteilt würde man 6 gleich große Stücke bekommen. Wenn man nun aber das eigene Stück vergrößert, dann ist der eigene Anteil an der Pizza größer.

b) Das Ganze bleibt gleich, der Teil wird verdoppelt, dann wird der Anteil auch verdoppelt.
Beispiel:

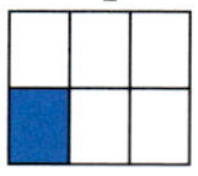

$\frac{1}{6}$

wird zu

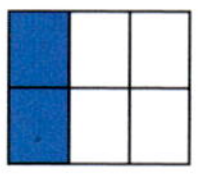

$\frac{2}{6} = 2 \cdot \frac{1}{6}$

Das Ganze bleibt gleich, der Anteil wird halbiert, dann wird der Teil auch halbiert.
Beispiel

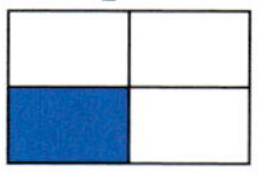

$\frac{1}{4}$

wird zu

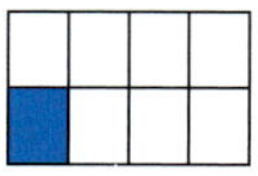

$\frac{1}{8} = \frac{1}{4} : 2$

Beispiel:
Das Ganze bleibt gleich, der Teil wird vervierfacht, dann wird der Anteil auch vervierfacht.

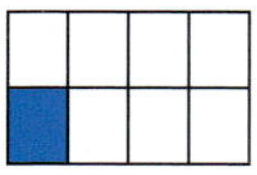

$\frac{1}{6}$

wird zu

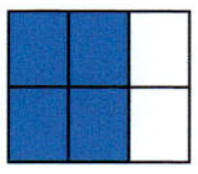

$\frac{4}{6} = 4 \cdot \frac{1}{6}$

Seite 109

10 Ein Halb oder drei Sechstel?

Es haben beide Recht. Ole hat erkannt, dass genau die Hälfte der Flächen rot ist. Dazu hat er vermutlich einen der beiden roten Teile in die andere Hälfte geklappt.
Bei Ole ist die Hälfte der Fläche gefärbt ($\frac{1}{2}$).
Bei Pia sind 3 von 6 Flächen rot ($\frac{3}{6}$). Das ist auch die Hälfte.

11 Ein Bruch – verschiedene Darstellungen

a) Till:

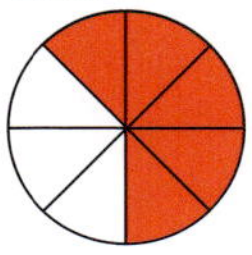

Pia:

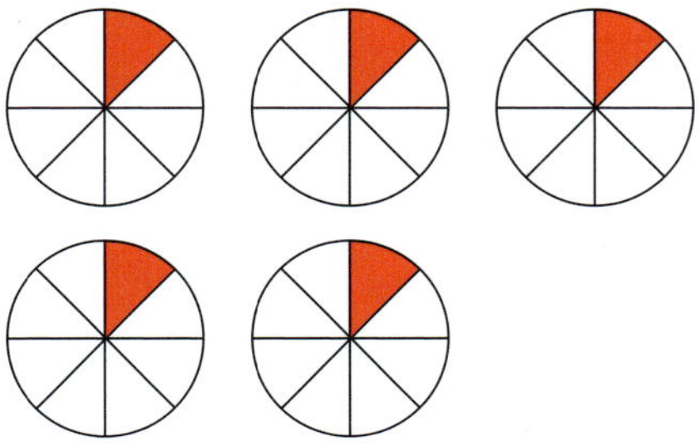

b) $\frac{2}{3}$:
Till:

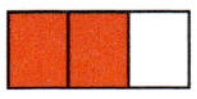

Pia:

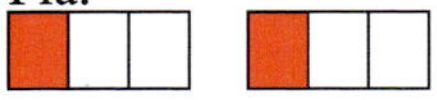

$\frac{3}{5}$:
Till:

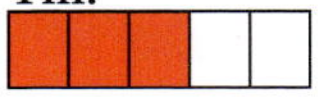

Pia:

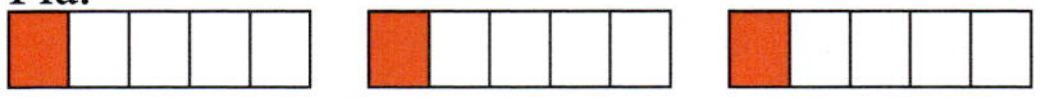

$\frac{5}{6}$:
Till:

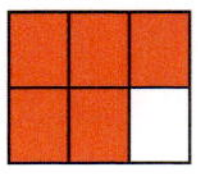

Pia:

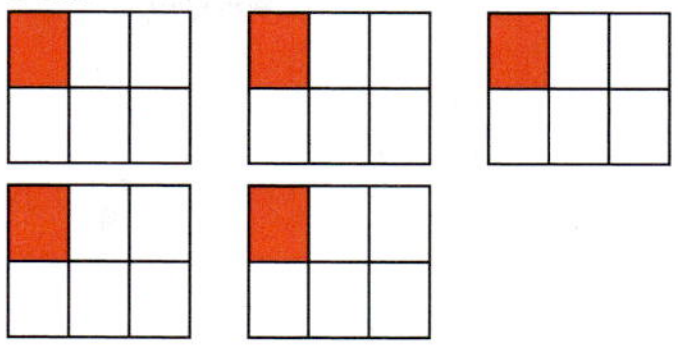

$\frac{3}{7}$:
Till:

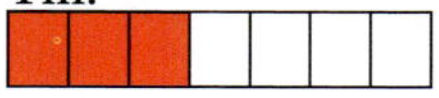

Pia:

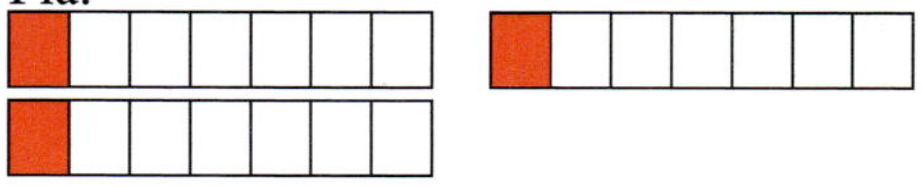

12 Farbanteile in Bildern

links:

a) Das Bild besteht aus 6 gleich großen Dreiecken und einem Quadrat, das so groß ist, wie zwei der Dreiecke.

b) Schwarz und weiß haben dann beide einen Anteil von $\frac{2}{8}$ bzw. $\frac{1}{4}$ am gesamten Bild, die anderen Farben haben jeweils einen Anteil von $\frac{1}{8}$.

c) *verschiedene Lösungen sind möglich für das Einfärben der Flächen*

d) Damit rot einen Anteil von $\frac{1}{2}$ am Bild hat, könnte man beispielsweise alle bisherigen schwarzen und weißen Flächen rot färben. Damit der rote Anteil $\frac{1}{4}$ beträgt, müsste man beispielsweise das blaue und das grüne Dreieck rot färben. Für einen Anteil von $\frac{1}{8}$ könnte man das pinke Dreieck rot anmalen.

rechts:

a) Dieses Bild könnte man in 36 kleine Dreiecke aufteilen, wobei die schwarzen Flächen und die weiße Fläche aus jeweils 4 kleinen Dreiecken bestehen.

b) Der Anteil von weiß beträgt $\frac{4}{36}$, also $\frac{1}{9}$, schwarz hat einen Anteil von $\frac{16}{36}$ am Bild. Gelb, rot, blau und grün haben jeweils einen Anteil von $\frac{4}{36}$, also $\frac{1}{9}$.

c) *verschiedene Lösungen sind möglich für das Einfärben der Flächen*

d) Damit die Hälfte des Bildes rot ist, müsste man 18 kleine Dreiecke rot färben. $\frac{1}{4}$ der Fläche ist rot, wenn 9 kleine Dreiecke rot gefärbt werden. $\frac{1}{8}$ rote Fläche erhält man, wenn man 4 kleine Dreiecke und ein weiteres halbes Dreieck rot färbt.

Seite 110

13 Brüche zeichnen

a) *verschiedene Lösungen sind möglich*
Es ist wichtig, dass insgesamt 4 von den 16 Kästchen rot gefärbt sind.
Beispiele:

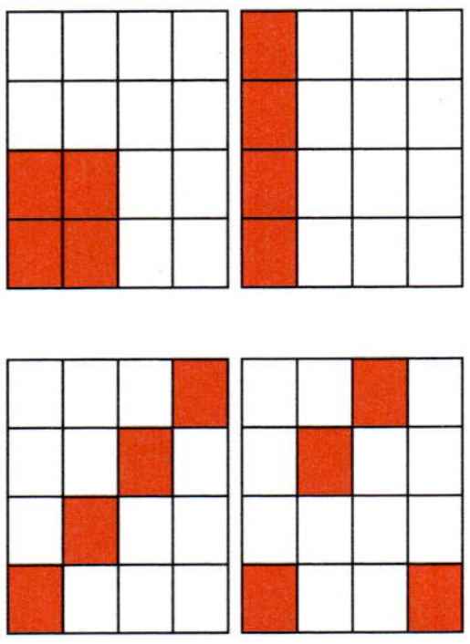

b) *verschiedene Lösungen sind möglich,* z. B.:

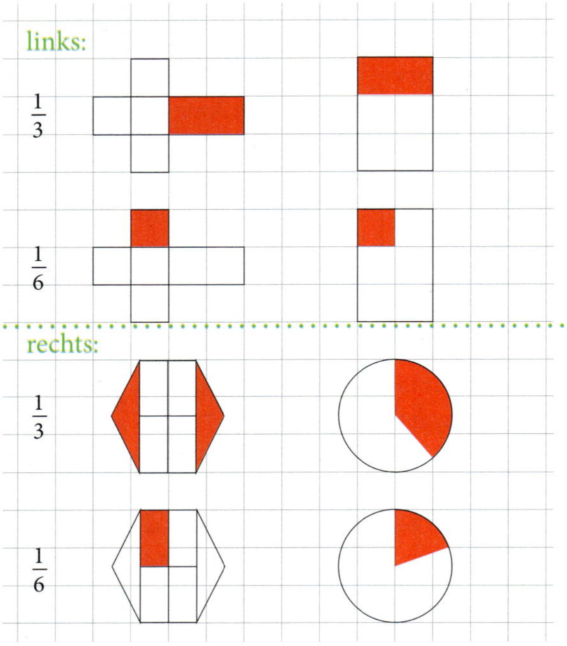

c) *verschiedene Lösungen sind möglich*

14 Passende Rechtecke

(1) $\frac{4}{9}$, A
z. B.:

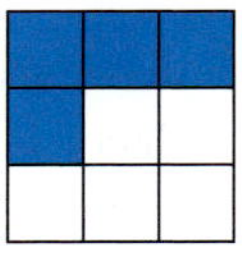

(2) $\frac{3}{10}$, B
z. B.:

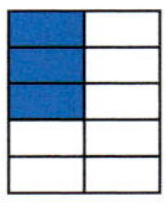

(1) $\frac{2}{7}$, D
z. B.:

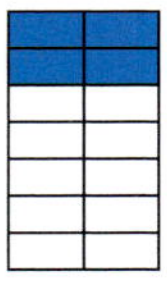

(2) $\frac{5}{8}$, E
z. B.:

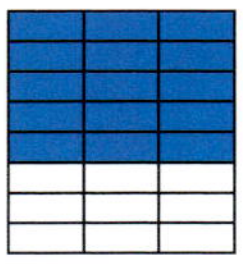

(3) $\frac{8}{24}$, C, E
z. B.:

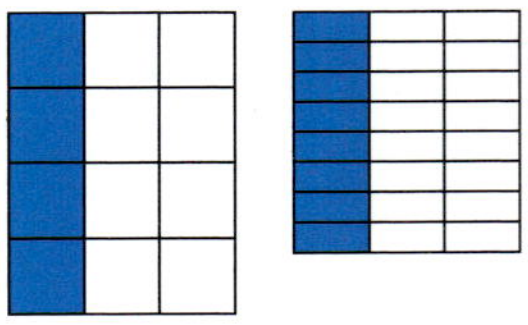

(4) $\frac{8}{12}$, C, A, E
z. B.:

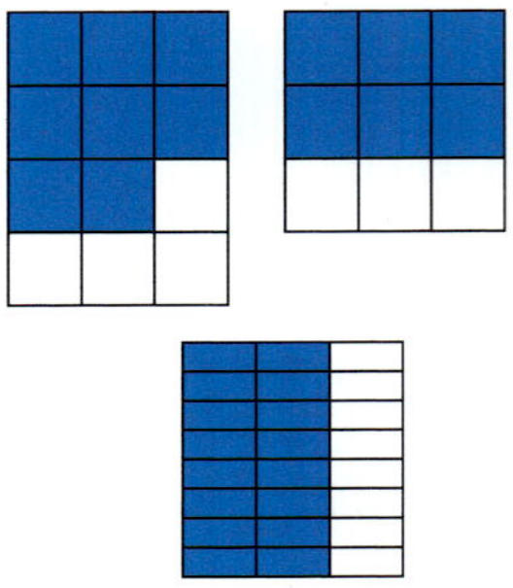

(3) $\frac{2}{5}$, B
z. B.:

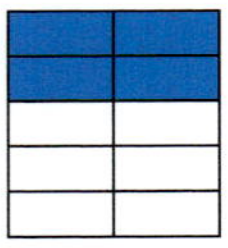

(4) $\frac{4}{6}$, E, C, A
z. B.:

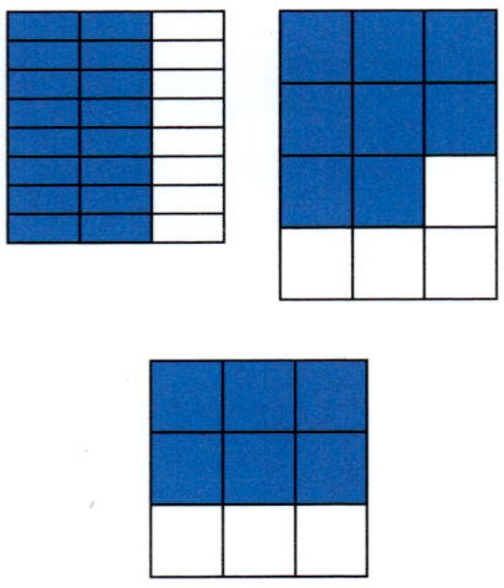

15 Zu einem Bild gehören zwei Brüche

①

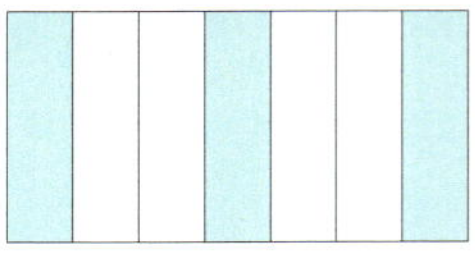

$\frac{3}{7}$ oder $\frac{4}{7}$

②

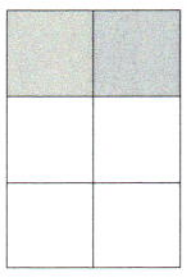

$\frac{2}{6} = \frac{1}{3}$ oder $\frac{4}{6} = \frac{2}{3}$

③

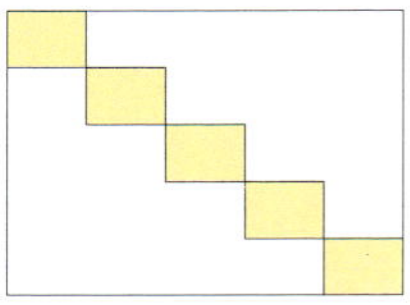

$\frac{5}{25} = \frac{1}{5}$ oder $\frac{20}{25} = \frac{4}{5}$

④

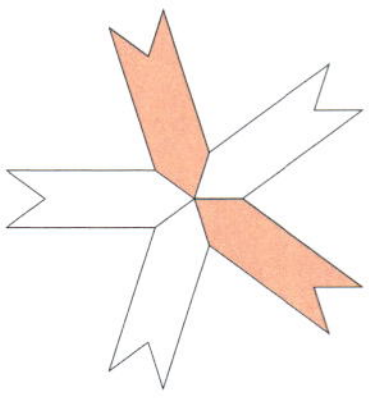

$\frac{2}{5}$ oder $\frac{3}{5}$

⑤

$\frac{3}{6} = \frac{1}{2}$

⑥ 

$\frac{3}{9} = \frac{1}{3}$ oder $\frac{6}{9} = \frac{2}{3}$

⑦ 

$\frac{4}{9}$ oder $\frac{5}{9}$

b) *verschiedene Lösungen sind möglich*

Seite 111

16 Das Ganze wiederfinden

a) z. B.: 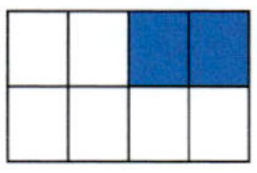 z. B.: 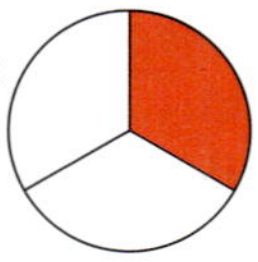

b) z. B.: 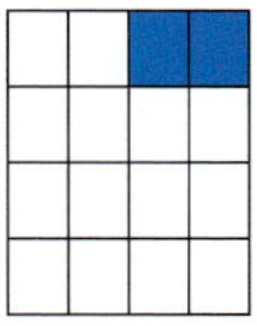 z. B.: 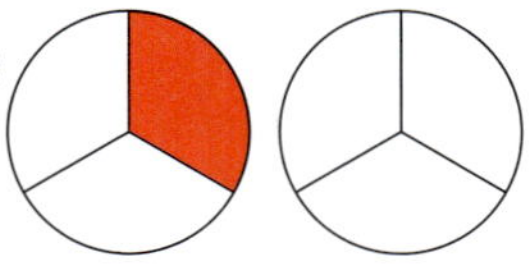

c) Merve hat nicht Recht. Die Größe eines Anteils hängt von der Größe des Ganzen ab. Wenn die Größe eines Teils gleich bleibt und das Ganze sich ändert, dann ändert sich der Anteil.

d) *verschiedene Lösungen sind möglich*

17 Zum Ganzen ergänzen

a) Bei allen Formen sollte man sich das Ganze vorstellen und überlegen, in wie viele Teile man teilen muss, damit das Fehlende gut dazu passt. Beim linken Kuchen fehlt die Hälfte, also $\frac{1}{2}$.

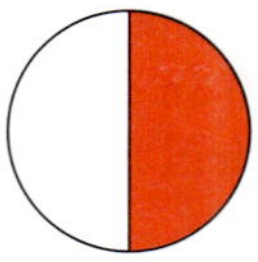

Den mittleren Kuchen kann am besten in 12 Stücke einteilen. Es scheinen 2 Stücke zu fehlen:

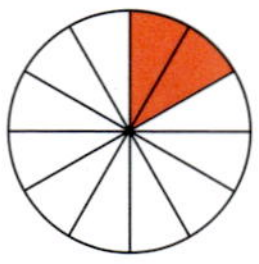

Somit fehlen $\frac{2}{12}$ bzw. $\frac{1}{6}$ des Kuchens.
Bei dem rechten Kuchen waren offensichtlich anfangs 12 Stücke vorhanden, nun fehlen 3. Also fehlen $\frac{3}{12}$ bzw. $\frac{1}{4}$ des Kuchens.

b) *verschiedene Lösungen sind möglich*

c) Hier einige Beispiele:

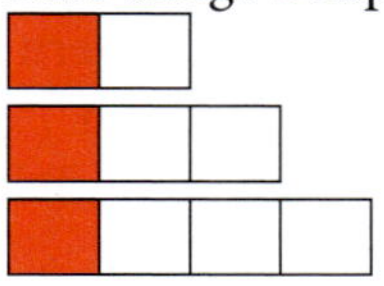

$\frac{1}{2}$

$\frac{1}{3}$

$\frac{1}{4}$

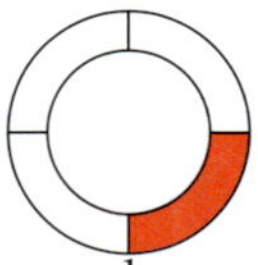

$\frac{1}{4}$

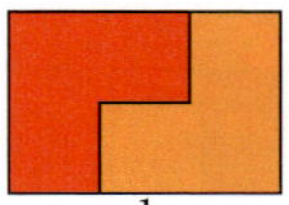

$\frac{1}{2}$

$\frac{1}{6}$

Auch andere Lösungen sind möglich, denn man kann den gegebenen Teil beliebig oft aneinandersetzen und dann erhält man jeweils ein anderes Ganzes und damit einen anderen Bruch.

Vertiefen 3 Brüche vergleichen

Seite 112

18 Gleich und doch nicht gleich

a) *verschiedene Lösungen sind möglich*
Die beiden folgenden Bilder passen zu $\frac{1}{3}$ und $\frac{2}{6}$.

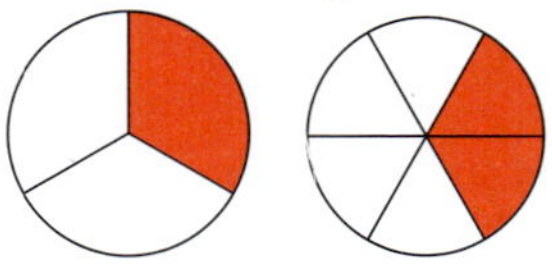

Wenn man vom gleichen Ganzen ausgeht, entsteht bei $\frac{1}{3}$ und bei $\frac{2}{6}$ ein gleich großer Teil. Der erste Kreis wurde in drei Teile geteilt, davon ein Teil gefärbt. Beim zweiten Kreis wurde das Ganze in doppelt so viele Teile geteilt (6 Teile) und davon zwei Teile gefärbt. Der gefärbte Teil ist genau so groß, wie beim ersten Kreis.

b) *verschiedene Lösungen sind möglich*
z. B.: $\frac{1}{4} = \frac{2}{8}$
$\frac{3}{4} = \frac{15}{20}$

19 Brüche sortieren

a) links: $\frac{1}{2}$
Mitte: $\frac{1}{3}$
rechts: $\frac{1}{4}$

Von links nach rechts wird die gefärbte Fläche immer kleiner, also auch ihr Anteil an der Gesamtfläche, denn diese ist in jedem Bild gleich groß.

b) In den Brüchen sieht man die abnehmende Größe der Fläche daran, dass bei gleichem Zähler der Nenner jeweils größer wird.

c) $\frac{1}{2} > \frac{1}{3} > \frac{1}{5} > \frac{1}{12}$
Bei gleichem Zähler sind Brüche größer, wenn sie einen kleineren Nenner haben. Man fängt also beim Ordnen mit dem größten Nenner an und nimmt dann jeweils den nächstkleineren Nenner.

20 Anteile ordnen

a) ① $\frac{1}{4}$, ② $\frac{1}{2}$, ③ $\frac{1}{6}$, ④ $\frac{1}{7}$, ⑤ $\frac{1}{4}$, ⑥ $\frac{1}{6}$
Streifen ① und ⑤ sowie Streifen ③ und ⑥ stellen den gleichen Anteil dar.

b) $\frac{1}{2} > \frac{1}{4} > \frac{1}{6} > \frac{1}{7}$, also ② > ① = ⑤ > ③ = ⑥ > ④

c) Das Ganze des ersten Streifen ist kleiner als das Ganze des fünften Streifen. Somit sind die Teile des ersten Streifen kleiner. Bei beiden Streifen ist aber je $\frac{1}{4}$ der Gesamtfläche gefärbt.

21 Mehr oder weniger als die Hälfte

Diese Aufgabe ist ein Spiel und hat deshalb keine Lösung.

Vertiefen 4 Wo Brüche noch vorkommen

Seite 113

22 Brüche bei Strecken, Flächen und Körpern

a) Man zeichnet zuerst die Strecke von 1 dm.
Dann teilt man diese in vier gleich große Teile.
Nun markiert man drei dieser vier Teile.
Man erhält: $\frac{3}{4}$ dm = 7,5 cm

b) grün: $\frac{1}{2}$ m; rot: $\frac{3}{4}$ m; blau: $\frac{1}{5}$ m

c) 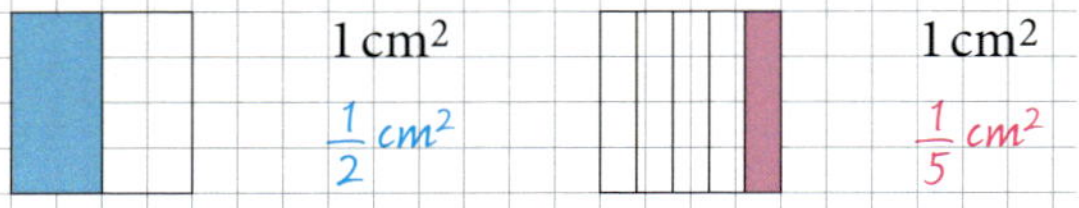

d) 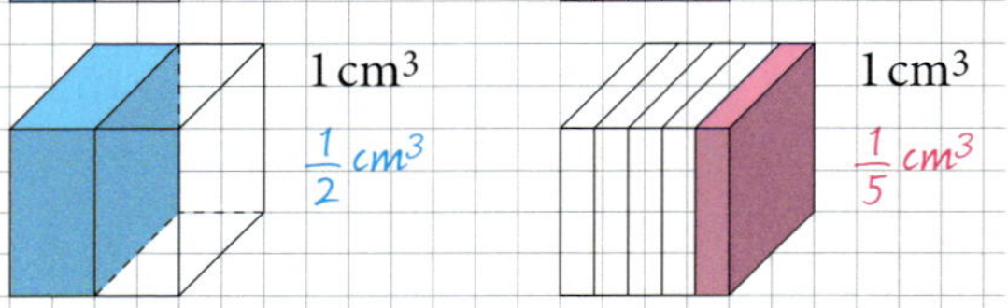

e) *verschiedene Lösungen sind möglich*
Bei den Quadraten und den Würfeln ist jeweils der Anteil von $\frac{1}{2}$ und $\frac{1}{5}$ gleich. Da aber das Ganze bei den Würfeln 3-dimensional ist, sind auch die Teile 3-dimensional.

23 Brüche bei Größenangaben

a) Ein halber Meter sind 50 cm (= 100 cm : 2).
Ein viertel Kilogramm sind 250 g (= 1000 g : 4).
Eine drittel Stunde sind 20 Minuten (= 60 Minuten : 3).

b) 750 g = $\frac{3}{4}$ kg
100 kg = $\frac{1}{10}$ t
20 s = $\frac{1}{3}$ min

c) *verschiedene Lösungen sind möglich*

24 Brüche beim Falten

a) Wenn man ein Blatt einmal in der Mitte faltet, erhält man den Bruch $\frac{1}{2}$.
Beim Falten in drei gleich große Teile muss man mindestens 2-mal falten. Man erhält den Bruch $\frac{1}{3}$.

b) *verschiedene Lösungen sind möglich*

Anzahl der Teile	Skizze des gefalteten Papiers	kleinste Anzahl an Falt-schritten	Bruch
2		1	$\frac{1}{2}$
4	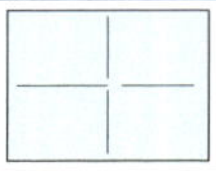	2	$\frac{1}{4}$
8		3	$\frac{1}{8}$
16	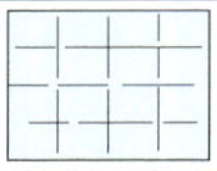	4	$\frac{1}{16}$
32	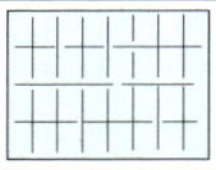	5	$\frac{1}{32}$
3	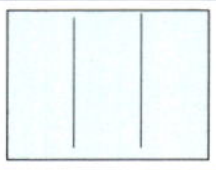	2	$\frac{1}{3}$
6	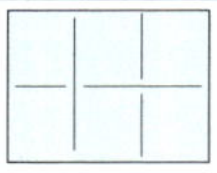	3	$\frac{1}{6}$
12	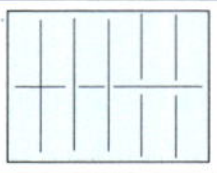	4	$\frac{1}{12}$
24	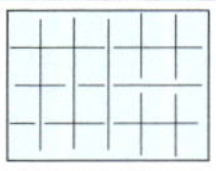	5	$\frac{1}{24}$

c) *verschiedene Lösungen sind möglich*
Bei den Brüchen $\frac{1}{2}, \frac{1}{4}, \frac{1}{8}, \dots$ braucht man für jeden weiteren Bruch einen Faltschritt mehr. Wenn man die Zahl 2 so häufig miteinander multipliziert wie die Anzahl der Faltschritte, so erhält man die Anzahl der Teile. Für $\frac{1}{8}$ hat man 3 Faltschritte: $2 \cdot 2 \cdot 2 = 8$;

Bei den Brüchen $\frac{1}{3}, \frac{1}{6}, \frac{1}{12}, \ldots$ benötigt man ebenfalls für jeden weiteren Bruch einen Faltschritt mehr, beginnt jedoch mit 2 Faltschritten.
Man kann für den Bruch rechnen:
$3 \cdot 2 \cdot$ (Anzahl der Faltschritte -1)

Seite 114

25 Brüche in der Musik

a) Es gibt z. B.: ganze Noten, halbe Noten, Viertel, Achtel und Sechzehntel.
Man kann die Notenwerte durch Hören unterscheiden, denn sie sind unterschiedlich lang.
So ist z. B. ein halber Notenwert doppelt so lang wie ein Viertel Notenwert.

b) *verschiedene Lösungen sind möglich*

c) *verschiedene Lösungen sind möglich*
Man kann beim Komponieren eines Taktes so vorgehen, dass man mit 4 Vierteln beginnt und dann z. B. ein Viertelnotenwert durch zwei Achtel Notenwerte ersetzt. Weiter kann man Achtel Notenwerte durch zwei Sechzehntel Notenwerte ersetzen.
Ein Takt könnte z. B. so aussehen:

$\frac{1}{16}$ $\frac{1}{16}$ $\frac{1}{8}$ $\frac{1}{4}$ $\frac{1}{2}$

d) Mit vier Noten:

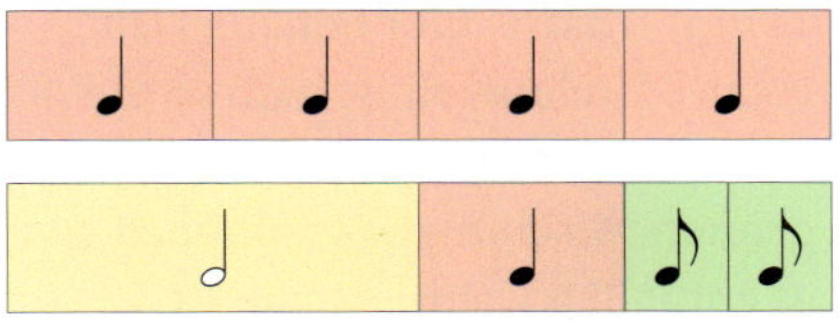

Wenn man die Reihenfolge tauscht, sind es noch mehr Möglichkeiten, hier ein Beispiel für das Bild:

Mit fünf Noten:

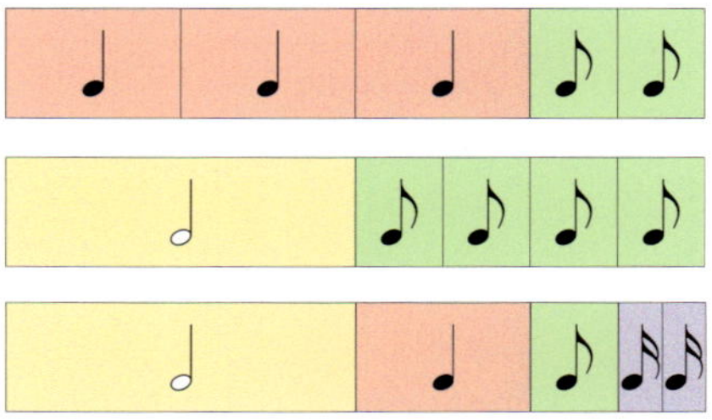

Mit sechs Noten:

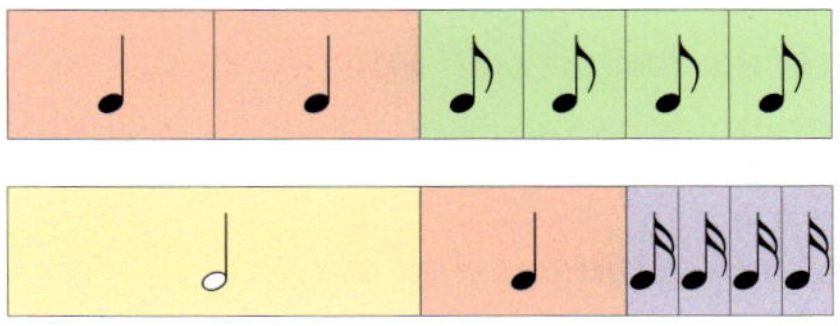

Das Ganze bleibt immer gleich, aber durch die unterschiedlichen Anteile verändert sich der Rhythmus des Taktes.

f) Das Lied heißt „Bruder Jakob“.
$\frac{4}{4}$ Takt

$\frac{2}{4}$ Takt

3-Viertel-Takt:
Es können Noten in Achtelnoten zerlegt werden. Dadurch gibt es für die Einrichtung des $\frac{3}{4}$-Taktes viele verschiedene Möglichkeiten.

Vertiefen 5 Mischungen und andere Verhältnisse

Seite 115

26 Mischungen im KiBa- Glas

a) ① 1 zu 1 ($\frac{1}{2}$) ② 3 zu 1 ($\frac{3}{4}$) ③ 1 zu 3 ($\frac{1}{4}$)

b) Es gibt viele verschiedene Lösungen, weil man das Glas ja nicht ganz füllen muss. Für ein volles Glas gibt es die Möglichkeiten 0 zu 5 ($\frac{0}{5}$), 1 zu 4 ($\frac{1}{5}$), 2 zu 3 ($\frac{2}{5}$), 3 zu 2 ($\frac{3}{5}$), 4 zu 1 ($\frac{4}{5}$), 5 zu 0 ($\frac{5}{5}$).

27 KiBa-Glas einteilen

a) 1 zu 2:

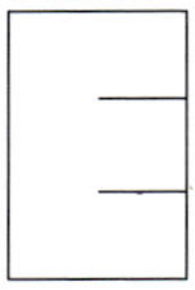

2 zu 3:

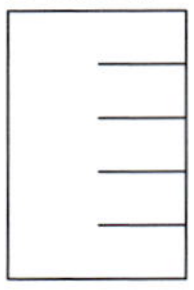

1 zu 4:

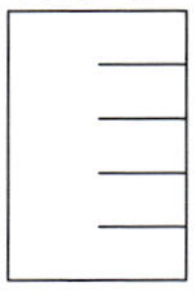

3 zu 1:

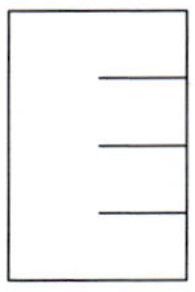

b) Das KiBa-Glas könnte eine 12er-Unterteilung haben.
1 zu 2 würde dann 4 zu 8 entsprechen,
1 zu 3 würde dann 3 zu 9 entsprechen.
Es geht aber auch eine 18er-, 24er-Unterteilung, usw.

c) *verschiedene Lösungen sind möglich*
Ein geeignetes KiBa-Glas hat eine Einteilung, die möglichst viele Mischungsverhältnisse zulässt, aber nicht zu viele Unterteilungen hat.
Man könnte z. B. eine 12er-Unterteilung nehmen, da 12 noch eine relativ übersichtliche Zahl ist und diese Einteilung die Mischungsverhältnisse 1 zu 1, 1 zu 2, 1 zu 3 und 1 zu 5 sowie 1 zu 11, 2 zu 10, 3 zu 9, 4 zu 8, 5 zu 7, 6 zu 6, 7 zu 5, 8 zu 4, 9 zu 3, 10 zu 2, 11 zu 1 zulässt.
Die Zahl muss möglichst viele Teiler haben.

28 KiBa-Mischungen vergleichen

a) Bei der Mischung 1 : 3 ist mehr Kirschsaft enthalten als bei der Mischung 1 : 4.

b) Bei der Mischung 1 : 3 ist $\frac{1}{4}$ Kirschsaft und $\frac{3}{4}$ Bananensaft und bei der Mischung 1 : 4 ist $\frac{1}{5}$ Kirschsaft und $\frac{4}{5}$ Bananensaft enthalten.

c) Wenn die erste Zahl in beiden Mischungen gleich ist, ist in der Mischung mit der kleineren zweiten Zahl mehr Kirschsaft enthalten. Eine Regel könnte sein, die Zahlen in beiden Mischungen so zu verändern, dass mindestens eine Zahl gleich ist.

d) Z. B. ist 2 : 5 dasselbe wie 12 :30 und 3 : 6 dasselbe wie 15 : 30. Also ist in der zweiten Mischung mehr Kirschsaft.

e) Mischungen, bei denen die erste oder die zweite Zahl gleich sind, lassen sich leicht vergleichen, da man direkt sieht, in welcher Mischung mehr Kirschsaft oder Bananensaft enthalten ist.
Bei der Mischung 1 : 4 und 1 : 5 ist jeweils ein Teil Kirschsaft enthalten. Jedoch enthält die Mischung 1 : 4 vier Teile Bananensaft und die Mischung 1 : 5 fünf Teile Bananensaft. Also ist der Anteil an Kirschsaft in der 1 : 4 Mischung größer.

Seite 116

29 Mischungsmuster erkennen

a)

0 zu 0	0 zu 1	0 zu 2	0 zu 3	0 zu 4	0 zu 5	…
1 zu 0	1 zu 1	1 zu 2	1 zu 3	1 zu 4	1 zu 5	
2 zu 0	2 zu 1	2 zu 2	2 zu 3	2 zu 4	2 zu 5	
3 zu 0	3 zu 1	3 zu 2	3 zu 3	3 zu 4	3 zu 5	
4 zu 0	4 zu 1	4 zu 2	4 zu 3	4 zu 4	4 zu 5	
5 zu 0	5 zu 1	5 zu 2	5 zu 3	5 zu 4	5 zu 5	
…						

Orange Mischungen enthalten nur Kirschsaft, violette Mischungen nur Bananensaft.
Die blaue Diagonale ergibt sich durch das gleiche Verhältnis von Kirsch- und Bananensaft.
Bei den roten Mischungen ist halb so viel Kirschsaft enthalten wie Bananensaft.
Bei den grünen Mischungen ist doppelt so viel Kirschsaft enthalten wie Bananensaft.

b) Das Muster setzt sich fort.

c) Um den Anteil an Kirschsaft an der Mischung gut vergleichen zu können, ist es hilfreich das Verhältnis in einen Bruch umzuwandeln.
Um zwei Brüche vergleichen zu können, muss man sie auf denselben Nenner bringen.
Violette Mischungen, 1 zu 5, 1 zu 4, 1 zu 3, 2 zu 5, 2 zu 4 und 1 zu 2, 3 zu 5, 2 zu 3, 3 zu 4, 4 zu 5, blaue Diagonale, 5 zu 4, 4 zu 3, 3 zu 2, 5 zu 3, 4 zu 2 und 2 zu 1, 5 zu 2, 3 zu 1, 4 zu 1, 5 zu 1, orange Mischungen

d)

1 zu 0	1 zu 1	1 zu 2	1 zu 3	1 zu 4	1 zu 5
$\frac{1}{1}$ o. 1	$\frac{1}{2}$	$\frac{1}{3}$	$\frac{1}{4}$	$\frac{1}{5}$	$\frac{1}{6}$

30 Plättchen mischen

a) Bei der Darstellung der Verhältnisse können unterschiedliche Formen gewählt werden:

	Verhältnis rot : blau
(1)	2 : 3
(2)	3 : 2
(3)	0 : 5
(4)	6 : 6 oder 1 : 1
(5)	3 : 9
(6)	5 : 15 oder 1 : 3

b) Oles Vorschlag ist gut, denn wenn man zuerst die Plättchen nach Farben sortiert, ist das Zählen leichter.
Wenn man die Plättchen aus dem Buch abgezählt hat, dann ist man ähnlich vorgegangen und hat zuerst die roten und dann die blauen Plättchen abgezählt.

c) (1) $\frac{2}{5}$, (2) $\frac{3}{5}$, (3) $\frac{0}{5}$, (4) $\frac{6}{12}$, (5) $\frac{3}{12}$, (6) $\frac{5}{20}$

d) Alle haben Recht. Es kommt darauf an, ob man das Verhältnis oder den Anteil einer Farbe beschreiben will.
Pia beschreibt das Verhältnis der roten Plättchen zu den blauen Plättchen.
Merve beschreibt den Anteil der roten Plättchen an allen Plättchen der Reihe.
Till beschreibt den Anteil der blauen Plättchen an allen Plättchen der Reihe.

e) *verschiedene Lösungen sind möglich*

f) **Seite 117**

31 Richtig oder falsch?

(1) Falsch. Die Mannschaft hat $\frac{4}{7}$ der Tore geschossen.
(2) Falsch. Das Verhältnis von Mädchen zu Jungen ist 2 zu 1.
(3) Richtig.
(4) Richtig.

32 Namen vergleichen

a) Das Gleiche bedeuten:
$\frac{1}{6}$, ein Sechstel, der sechste Teil, 1 zu 5, jeder Sechste, 1 von 6.
verschiedene Begründungen sind möglich
Als Begründung lassen sich folgende Beispiele verwenden. Es bedeuten das Gleiche (vgl. Bilder Seite 107, Aufgabe 4):
„$\frac{1}{6}$“; „Ein Sechstel“ in Worten; „1 von 6“ – ein Teil von sechs Teilen; „1 zu 5“ – z. B. 1 rot schraffierter Teil zu den 5 restlichen Teilen.
Ein weiteres Beispiel wäre:
Von 6 Kindern mag nur 1 Kind Spinat.
Das Verhältnis von denen, die Spinat nicht mögen, zu denen, die Spinat mögen ist: 1 zu 5.
Wenn es ganz viele Kinder sind, mag jedes 6. Kind Spinat.
Zu „1 zu 6“ findet sich hier nichts Gleichbedeutendes.

b) *verschiedene Lösungen sind möglich*

33 Bruchkarten-Memory

Diese Aufgabe ist ein Spiel und hat deshalb keine Lösung.

Vertiefen 1 Spiegelsymmetrische Bilder erkennen und zeichnen

Seite 130

1 **Spiegelsymmetrische Kunstwerke**

verschiedene Lösungen sind möglich

Kunstwerk ① und ④ sind nicht spiegelsymmetrisch. Es spielt keine Rolle, wie man eine Achse in das Bild legt, eine Seite gleicht nie der anderen. Mit einem Spiegel lässt sich dies gut prüfen.

Die Kunstwerke ② und ③ sind spiegelsymmetrisch.

② hat vier Spiegelachsen und ③ hat zwei Spiegelachsen:

②

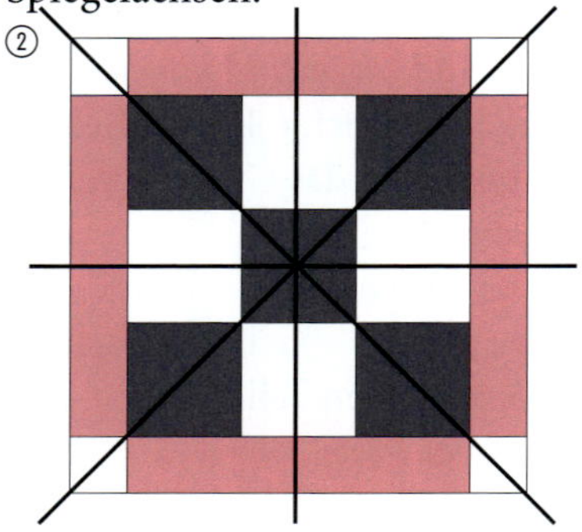

③

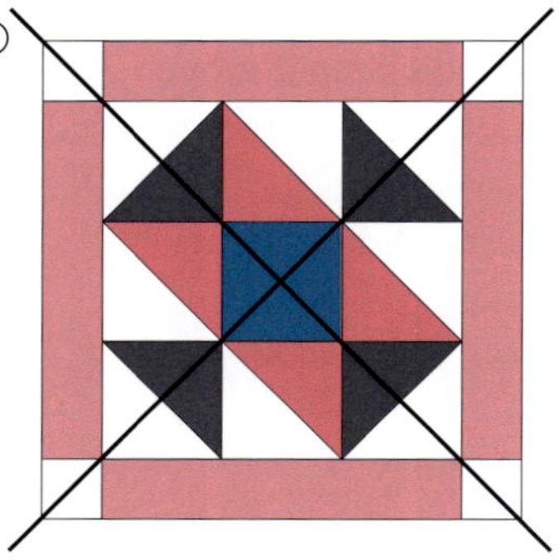

2 **Spiegelsymmetrische Buchstaben und Wörter**

a)

b) 0 Spiegelachsen:
B, F, G, J, K, L, N, P, R, S, Z
1 Spiegelachse:
A, C, D, E, M, T, U, V, W, Y
2 Spiegelachsen:
H, I, O, X

c) Das „T" hat in allen Schriftarten eine Spiegelachse, die senkrecht verläuft.
Das „I" hat in Schriftarten ①, ② und ③ zwei Spiegelachsen, eine waagerechte und eine senkrechte. Da das „I" in Schriftart ④ oben und unten verschieden dick ist, hat es nur eine senkrechte Spiegelachse.
Das „O" hat in Schriftart ① und ③ zwei Spiegelachsen, eine waagerechte und eine senkrechte.
Das „O" hat in Schriftart ② eine waagerechte Spiegelachse, da es links dicker ist. Es hat in Schriftart ④ eine senkrechte Spiegelachse, da es oben dicker ist als unten.
Das „B" ist in keiner der vier Schriftarten spiegelsymmetrisch.

Seite 131

3 **Bilder zu Symmetrien erzeugen**

a) Die Bilder sind aus den geometrischen Formen Dreieck, Quadrat und Rechteck aufgebaut.
Das Dreieck hat eine Spiegelachse, das Rechteck zwei und das Quadrat vier Spiegelachsen.

b) Für die Bilder ① bis ③ kann keine gemeinsame Spiegelachse gefunden werden.
Das Bild ④ hat zwei Spiegelachsen.

c) *verschiedene Lösungen sind möglich*

d) *verschiedene Lösungen sind möglich*

4 **Spiegelsymmetrische Bilder auf anderen Wegen herstellen**

a), b) Bei Verfahren ① entsteht das spiegelsymmetrische Bild durch falten.
Man malt ein Bild und druckt nach dem Falten das „Spiegelbild" auf die andere Bildseite.
Bei Verfahren ② faltet man ein Blatt Papier einmal in der Mitte und schneidet eine Figur aus. Faltet man das Blatt auseinander, erhält man ein spiegelsymmetrisches Bild.
Bei Verfahren ③ faltet man ein Blatt Papier zweimal (oder mehrfach) wie bei einer Ziehharmonika und schneidet eine Figur aus. Faltet man das Blatt auseinander, erhält man zweimal (oder mehrfach) die ausgeschnittene Figur und die spiegelsymmetrische Figur im Wechsel.

c) *verschiedene Lösungen sind möglich*

Seite 132

5 **Figuren spiegeln mit Kästchen**

a) Ole ist von der Linie ausgegangen, an welcher gespiegelt werden soll. Er zählt von dort aus die Anzahl Kästchen bis zum markierten Punkt. Dann zählt er die gleiche Anzahl an Kästchen auf der anderen Seite der gestrichelten Linie und markiert dort ebenfalls den Punkt. Dies macht er mit allen markierten Punkten.

b), c)

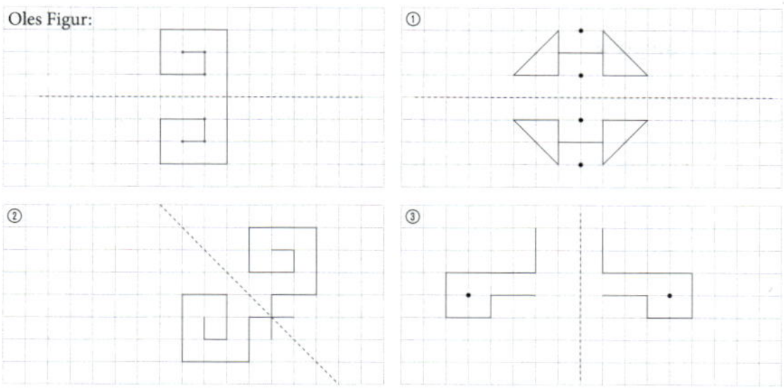

Legt man einen Spiegel auf die Spiegelachse, so kann man die gezeichnete Spiegelung überprüfen.

6 Figuren spiegeln mit dem Geodreieck

a) Mit „senkrecht stehen" ist gemeint, dass beim Anlegen des Geodreiecks an die Linie der Figur die Spiegelachse senkrecht dazu steht. Dann kann man die entsprechend gespiegelte Linie zeichnen, die ebenfalls senkrecht zur Spiegelachse liegt. Wenn man mit dem Geodreieck spiegelt geht man am besten so vor: Man legt das Geodreieck so hin, dass die Linie, die senkrecht unter der Null bis zur Geodreiecksspitze führt, auf der Spiegelachse liegt. So kann man immer direkt ablesen, wie viele Zentimeter rechts/links (je nachdem wo die zu spiegelnde Figur von der Spiegelachse aus liegt) von der Spiegelachse auf die jeweils andere Seite übertragen werden müssen.

b)

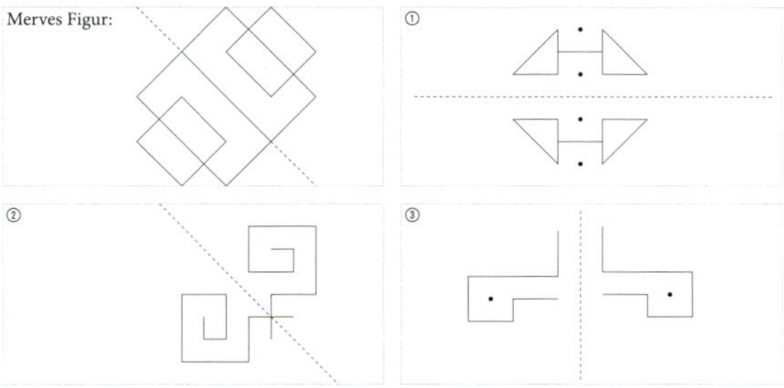

c) Legt man einen Spiegel auf die Spiegelachse, kann man die gezeichnete Spiegelung überprüfen. Der Vergleich ergibt, dass die Spiegelbilder identisch mit den Spiegelbildern in Aufgabe 5 sind.

Seite 133

7 Farbige Figuren spiegeln

a)

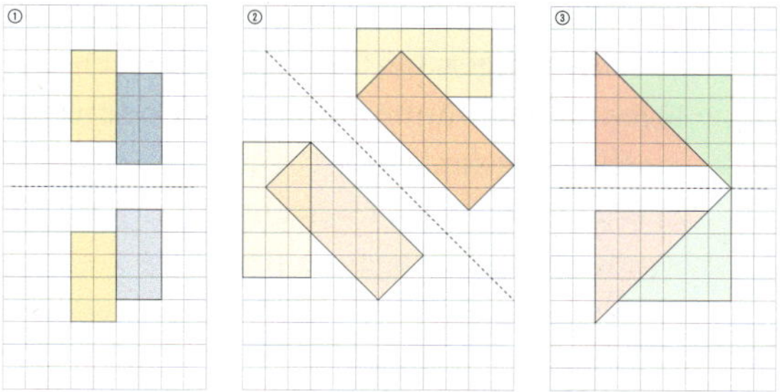

b) Legt man einen Spiegel auf die Spiegelachse, so kann man die gezeichnete Spiegelung überprüfen.

c) *verschiedene Lösungen sind möglich*

8 Figuren mehrmals spiegeln

verschiedene Lösungen sind möglich,

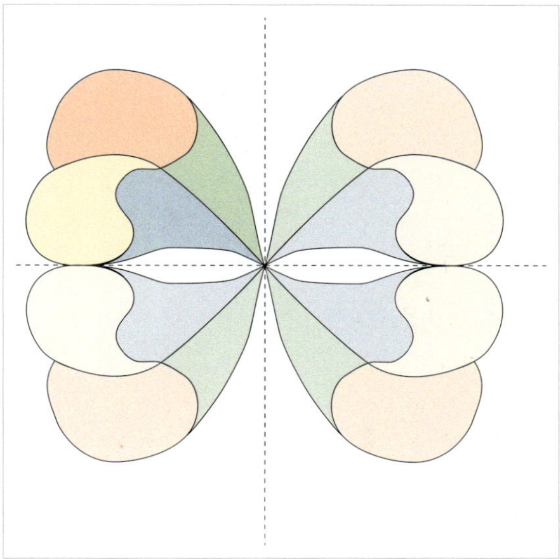

9 An zwei schiefen Achsen spiegeln

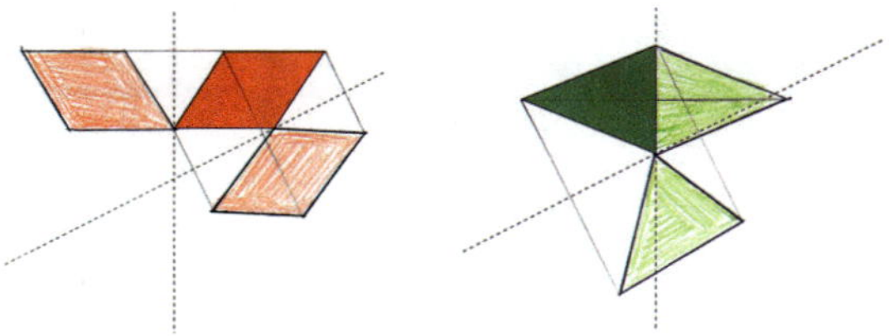

Im ersten Druck:

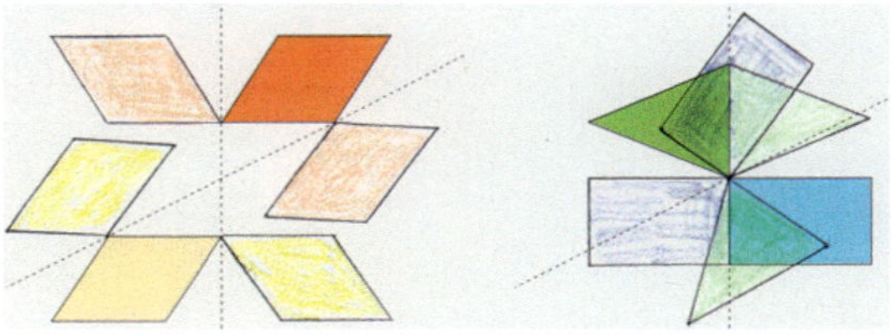

Vertiefen 2 Verschiebungen erkennen und ausführen

Seite 134

10 Verschiebungen bei Tapeten erkennen

a) (1) Jede blaue Blume kann als Grundmuster angesehen werden.
(2) Ein Grundmuster besteht aus einem gelben und einem orangenen Blatt.
(3) Das Grundmuster besteht aus einer grünen Blüte.
(4) Das Grundmuster besteht aus vier Schmetterlingen.
(5) Der große Strauß und die beiden Zweige mit rot gehören zum Grundmuster. Der Zweig mit blau ist beide Male verschieden gezeichnet.

b) *verschiedene Lösungen sind möglich*

11 Bandornamente erkennen und fortsetzen

a) ①

②

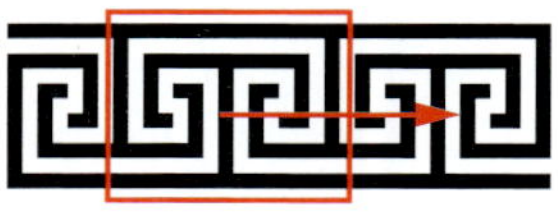

b)

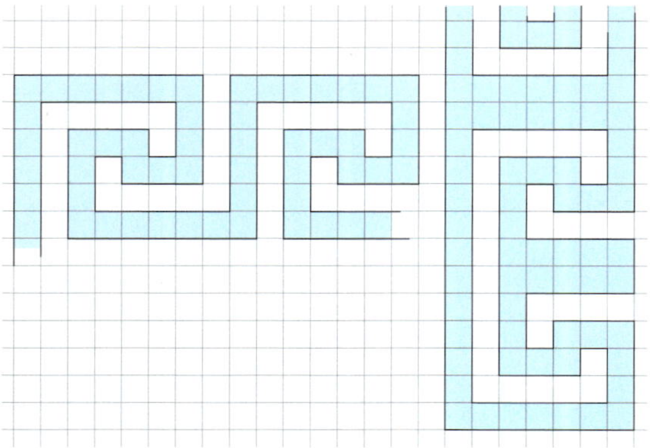

c) *verschiedene Lösungen sind möglich*

d) (1) kann man nicht spiegeln
(2) kann man spiegeln

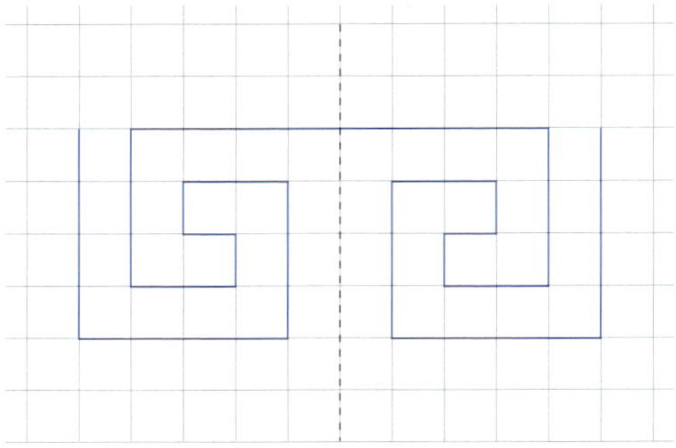

Seite 135

12 Verschiebungen überprüfen

a) Im ersten Bild wurde die Figur richtig verschoben. Im zweiten Bild ist nicht richtig verschoben worden: Die eine Figur ist größer als die andere. Im dritten Bild ist die Verschiebung korrekt.

b) Till hat beim Zeichnen seine Schablone auf dem Blatt nach rechts unten geschoben, darum könnte er meinen, dass es sich um eine Verschiebung handelt. Till hat aber die Schablone auch gedreht, deshalb ist es keine Verschiebung.

13 Verschiebungen zeichnen

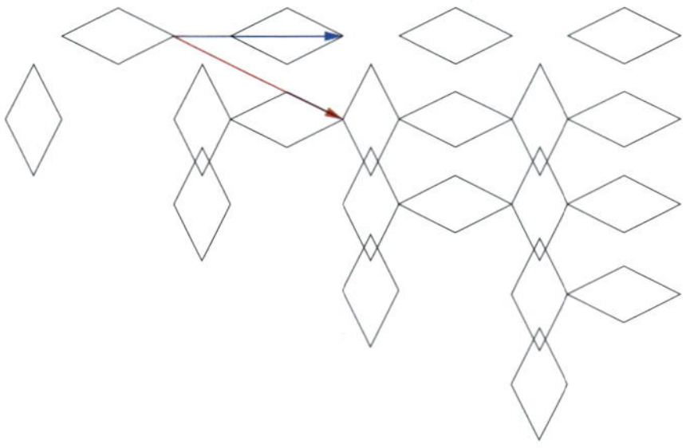

14 Was tun, wenn das Geodreieck nicht reicht?

a) Merve verschiebt das Quadrat so lange, bis ihr Geodreieck zu Ende ist, dort zeichnet sie das Quadrat. Von dort aus verschiebt sie es bis an den Ort, wo sie es haben möchte.
Ole hingegen verlängert zuerst seine Verschiebungslinien auf die Länge, die er seine Figur verschieben will und benötigt darum keine Hilfsfigur.

b) *verschiedene Lösungen sind möglich*

Vertiefen 3 Drehsymmetrie erkennen und von Spiegelsymmetrie unterscheiden

Seite 136

15 **Drehbare Bilder**
Der Drehpunkt liegt in der Mitte. Man könnte links ein „Kuchenstück“ des Bildes sechsmal drehen, ohne eine Veränderung des Bildes festzustellen, rechts siebenmal.

16 **Spiegel- und Drehsymmetrien in Natur und Technik**
a) Spiegelsymmetrisch sind folgende Bilder, die erkennbaren Symmetrieachsen sind eingezeichnet: Schneekristall (6 Spiegelachsen), Rad (1 Spiegelachse), Flugzeug (1 Spiegelachse), Einfahrt verboten (unendlich viele Spiegelachsen), Schweizer Flagge (4 Spiegelachsen)
b) Drehsymmetrisch sind:
die Blume: man kann sie fünfmal drehen;
der Schneekristall: er kann sechsmal gedreht werden;
die Spielkarte: sie kann zweimal gedreht werden;
das Verkehrsschild „Einfahrt verboten“: es kann beliebig oft gedreht werden;
die Schweizer Flagge: sie kann viermal gedreht werden;
Der Drehpunkt liegt immer in der Mitte.
c) Spiegel- und drehsymmetrisch sind der Schneekristall, das Verkehrsschild „Einfahrt verboten“ und die Schweizer Flagge.
Der Hummer, die Miesmuschel, das Fahrrad, das Verkehrsschild des Gegenverkehrs und die Fahne von Südkorea sind nicht spiegel- und nicht drehsymmetrisch.
d) *verschiedene Lösungen sind möglich,* z. B.:
Das äußere Schild des Gegenverkehrs ist ohne die inneren Pfeile symmetrisch. Auch die Fahne von Südkorea wäre ohne die geteilten Kreise in der Mitte symmetrisch.

Seite 137

17 **Gedreht und doch das Gleiche**
a) Da die Aufgabe ein Spiel ist, gibt es keine Lösung.
b) Bei diesen Bildern kann man nicht erkennen, ob sie um die Hälfte gedreht wurden:

Bei diesen Bildern kann man nicht erkennen, ob sie um ein Viertel gedreht wurden:

c) Wenn der zweite Spieler das Bild so dreht, dass es wieder so aussieht wie vorher und die Spielkarte wieder gerade in der Reihe liegt, kann der erste Spieler keine Drehung erkennen.
Man kann nur die Bilder unbemerkt ein Stückchen drehen, die nach einem Stückchen Drehung wieder auf sich selbst abgebildet werden und dann wieder gerade in der Reihe liegen. Dies ist bei dem Verkehrszeichen „Kreisverkehr“ (Karte (8)) nicht möglich, da man hier jeweils nur eine Drittel Drehung machen darf, damit die Figur wieder so aussieht wie vorher.

18 Figuren im Kästchenmuster drehen

a) *verschiedene Lösungen sind möglich*

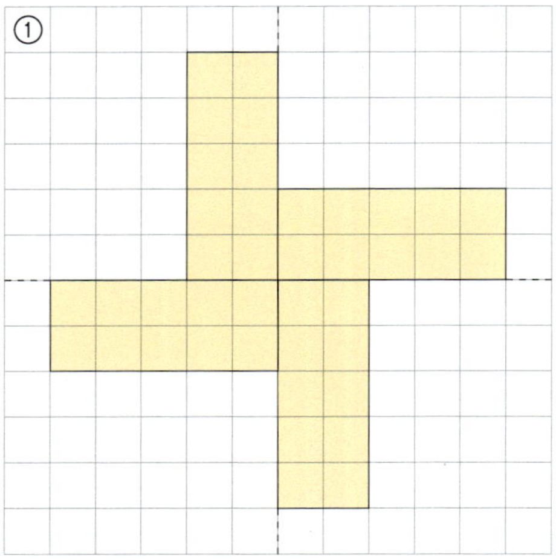

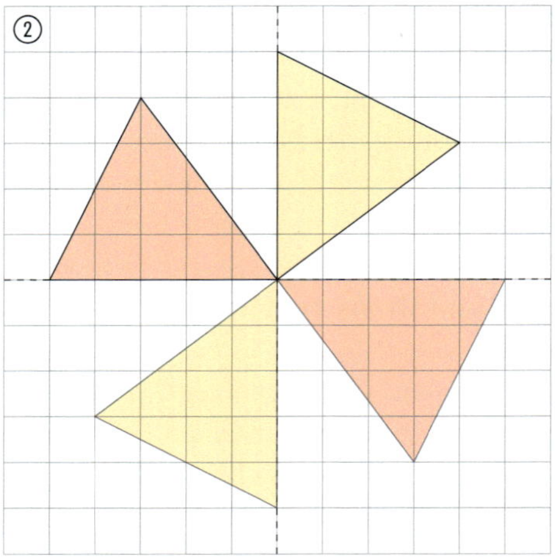

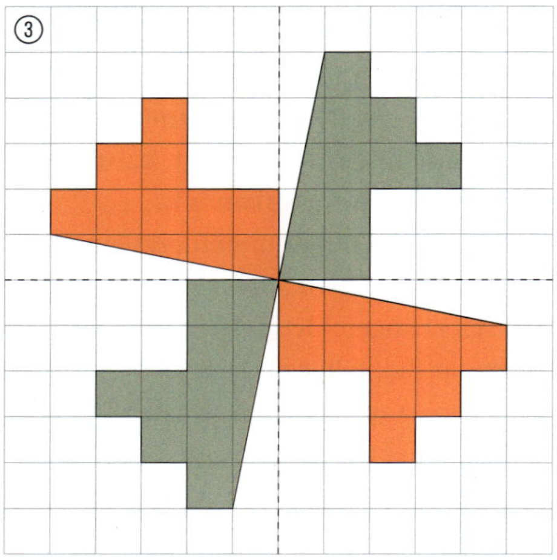

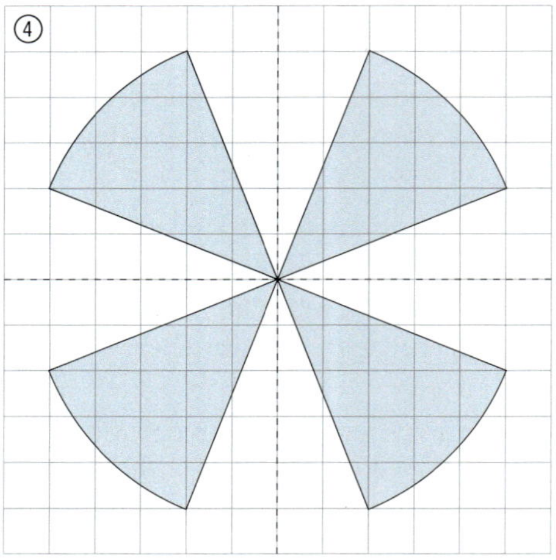

b)

	①	②	③	④
Drehungen	4	2	2	4

Die Figuren ② und ③ können nur zweimal gedreht werden, weil sie zweifarbig sind. Wenn man die Farben nicht beachtet, können sie viermal gedreht werden.

c) *verschiedene Lösungen sind möglich*
Die Figuren ② und ④ sind auf jeden Fall zu spiegelsymmetrischen Figuren ergänzbar.

d) Wenn eine Figur in einem kleinen Quadrat spiegelsymmetrisch ist und die Spiegelachse durch den Drehpunkt der ganzen Figur verläuft, dann ist die gesamte Figur spiegelsymmetrisch.

Vertiefen 4 Spiegelsymmetrie etwas anders

Seite 138

19 Fast symmetrisch

a) *verschiedene Lösungen sind möglich*
Dies sind Beispiele für mögliche Antworten:

(1) Das Bild wäre symmetrisch, wenn die innerste Linie auf der rechten Seite noch einen weiteren Knick nach innen machen würde.

(2) Dieses Bild wäre symmetrisch, wenn man in der 3. Reihe das rote Quadrat ganz rechts nach links vor das erste Quadrat schieben würde.

(3) Dieses Bild wäre symmetrisch, wenn das Bild anders gefärbt wäre. Die größeren Kästchen müssten dieselbe Farbe haben und so auch die kleineren Kästchen.

(4) Dieses Bild müsste man um einige Formen erweitern, damit es symmetrisch werden würde.

(5) Das Bild ist bis auf den rechten grauen Teil symmetrisch. Wenn dieser ebenso grün gefärbt werden würde wie der Rest des Rahmens, dann wäre das Bild symmetrisch.

(6) Das Bild wäre symmetrisch, wenn man nur die äußere Form betrachten würde.

b) *verschiedene Lösungen sind möglich*

c) *verschiedene Lösungen sind möglich*

20 Spiegelsymmetrische Gesichter

Das mittlere Bild ist das Original. Im linken Bild ist die rechte Gesichtshälfte gepiegelt worden. Im rechten Bild ist die linke Gesichtshälfte gespiegelt worden.

Seite 139

21 Spiegelsymmetrische Zahlen

a) $1 \cdot 1 = 1$

$11 \cdot 11 = 121$

$111 \cdot 111 = 12\,321$

Fortsetzung:

$1111 \cdot 1111 = 1\,234\,321$

$11111 \cdot 11111 = 123\,454\,321$

Das Ergebnis wird immer um eine Zahl in der Reihe erweitert und in der Aufgabe wird immer ein höherer Stellenwert hinzugenommen.

b) $454 + 797 = 1251$

$313 + 909 = 1222$

$141 + 232 = 373$

Man erhält nur dann eine neue Spiegelzahl, wenn die Ziffern an einer Stelle (z. B. die Einer oder die Zehner)zusammen nicht größer als 9 sind.

c) Spiegelzahlen, die durch 11 teilbar sind, sind z. B.:
- 11, 22, 33, … , 99
- 121, 242, 363, 484
- alle vierstelligen Spiegelzahlen

22 Kann man Symmetrien hören?

verschiedene Lösungen sind möglich

Vertiefen 5 Kreise – besondere symmetrische Figuren

Seite 140

23 Kornkreise

a) Der Kornkreis ist spiegelsymmetrisch mit 3 Spiegelachsen und 6-teilig drehsymmetrisch.

b)

	①	②	③	④	⑤
Achsen	3	keine	keine	3	keine
Drehungen	3	3	keine	3	2

24 Kreise zeichnen

a) 1. Kreis: Radius 6 cm

2. Kreis: Durchmesser 6 cm

3. Kreis: Radius 3 cm

b) *verschiedene Lösungen sind möglich*
Man muss z. B. darauf achten, dass die Zirkelspitze beim Zeichnen nicht verrutscht und der Zirkel sich nicht verstellt. Man muss darauf achten, dass man Radius und Durchmesser nicht verwechselt.

Seite 141

25 **Was ist hier schief gelaufen?**
verschiedene Lösungen sind möglich
Folgende Tipps wären sinnvoll:
Merve:
② Achte darauf, ob Radius oder Durchmesser des Kreises gegeben ist.
⑥ Miss mit dem Lineal oder Geodreieck den Abstand der beiden Zirkel-Spitzen nach. Das ist der Radius.
Till:
① Halte den Zirkel ganz locker mit einer Hand ganz oben am Griff.
③ Prüfe das Zirkelgelenk, das sollte nicht zu locker sein.
④ Spitze den Bleistift gut an.
Pia:
⑤ Markiere den Mittelpunkt mit einem kleinen Kreuz, bevor du einen Kreis zeichnest – dann findet man ihn später wieder.

26 **Kreisbilder zeichnen**
verschiedene Vorgehensweisen sind möglich

Vertiefen 1 Dezimalzahlen am Zahlenstrahl ablesen und eintragen

Seite 156

1 **Weltrekorde am Zahlenstrahl ablesen**
1960: 53,4 s
1970: 51,7 s
1980: 48,6 s
1990: 47,6 s
Die Weltrekorde müssen von rechts nach links abgelesen werden, denn ein neuer Weltrekord bedeutet eine bessere Zeit als die vorherigen.

2 **Werte ablesen**
a) ① Auf der kleinen Uhr in der Mitte werden die Sekunden gezählt, ein Teilstrich steht für drei Sekunden, also so lange wie der große Zeiger in der äußeren Uhr für einen Durchlauf braucht. Es sind 68,46 Sekunden.
② 250 g = 0,25 kg
③ Auch hier muss man auf die kleine Uhr in der Mitte achten, bei der die Minuten gezählt werden. Hier steht ein Teilstrich für eine Minute, also so lange wie der große Zeiger für einen Durchlauf braucht. Es sind 8 Minuten und 40,8 Sekunden.
b) Man muss darauf achten, was passiert, wenn der Zeiger einmal durchgelaufen ist.
Auch die Anzahl der Durchläufe muss mit gezählt werden – wie bei ① und ③.

3 **Dezimalzahlen an einer Skala ablesen**
a) (1) 23,54 (4) 23,74
(2) 23,6 (5) 23,8
(3) 23,68

b) (1) 1,442 (4) 1,448
(2) 1,443 (5) 1,4488
(3) 1,4464

4 **Reinzoomen**
verschiedene Lösungen sind möglich
Beispiele:
0,411; 0,412; 0,413; …
oder 0,4111; 0,4112; 0,4113; …
oder 0,4111; 0,41111; 0,411111; …

Seite 157

5 **Muster am Zahlenstrahl**
a) links:
b) In rot markiert findet man die Zahlen auf dem Zahlenstrahl:
(1) Ein möglicher Zahlenstrahl:
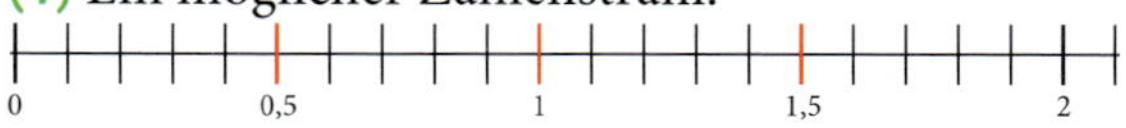

So geht die Zahlenreihe weiter („immer 0,5 mehr"): 2; 2,5; 3; 3,5; …

(2) Ein möglicher Zahlenstrahl:

So geht die Zahlenreihe weiter („immer 1,1 mehr"): 4,4; 5,5; 6,6; … .

(3) Ein möglicher Zahlenstrahl:
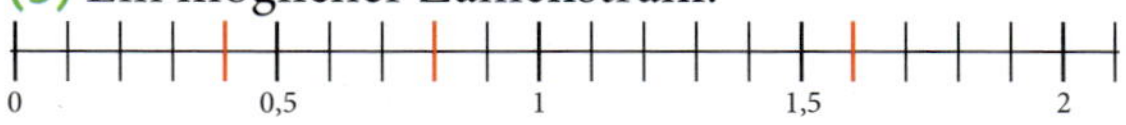

So geht die Zahlenreihe weiter („immer das Doppelte des Vorgängers"): 3,2; 6,4; …

(4) Ein möglicher Zahlenstrahl:

So geht die Zahlenreihe weiter („Die Schritte vergrößern sich jeweils um 0,1"):
1,4; 1,9; 2,5; …

a) rechts:
b) In rot markiert findet man die Zahlen auf dem Zahlenstrahl:
(1) Ein möglicher Zahlenstrahl
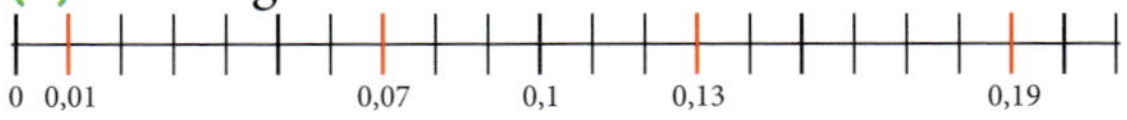

So geht die Zahlenreihe weiter („immer 0,06 mehr"): 0,19; 0,25; …

(2) Ein möglicher Zahlenstrahl:
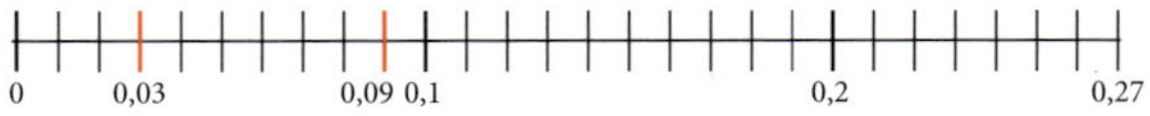

So geht die Zahlenreihe weiter („Den Vorgänger immer mit 3 multiplizieren"): 0,81; 2,43; …

(3) Ein möglicher Zahlenstrahl:

So geht die Zahlenreihe weiter („Absteigende Zahlenreihe, immer die Hälfte des Vorgängers“): 0,075; 0,0375; …

(4) Ein möglicher Zahlenstrahl:

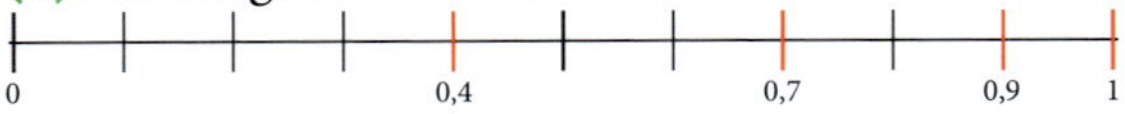

So geht die Zahlenreihe weiter („Absteigende Zahlenreihe, jeder Schritt nimmt um 0,1 mehr ab“): 0; −0,5; …

6 Passenden Zahlenstrahl zeichnen

a) *verschiedene Lösungen sind möglich*
115^9 bedeutet 115,9 Cent also 115 und $\frac{9}{10}$ Cent.
Hinweis fürs Zeichnen: Kleinster Wert 115, größter Wert 129 (also fast 130).
Für den Abstand 15 wählt man am besten 15 cm im Heft.

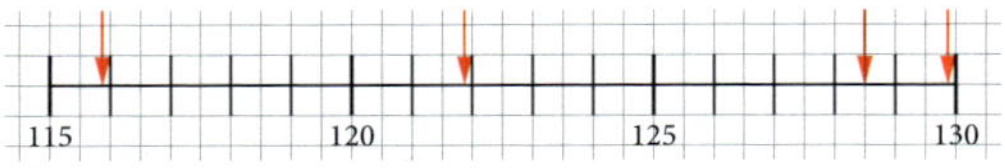

b) *verschiedene Lösungen sind möglich*
Mögliche Antwort: Am Zahlenstrahl erkennt man besser, ob der Wert sich stark oder weniger stark geändert hat.
Man sieht auch, dass 121,9 beinahe 122 ist.

c) Merves Vater hat die kleine hochgestellte 9 nicht beachtet. 129^9 liegt näher an 130 als an 129.

7 Zahlen genau und ungefähr eintragen

a)

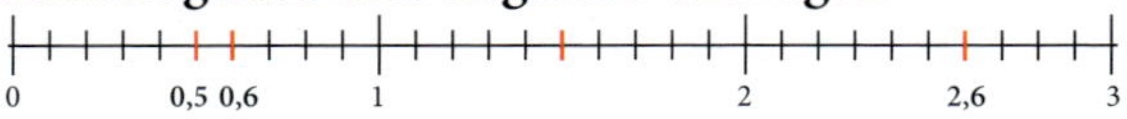

0,39 0,29

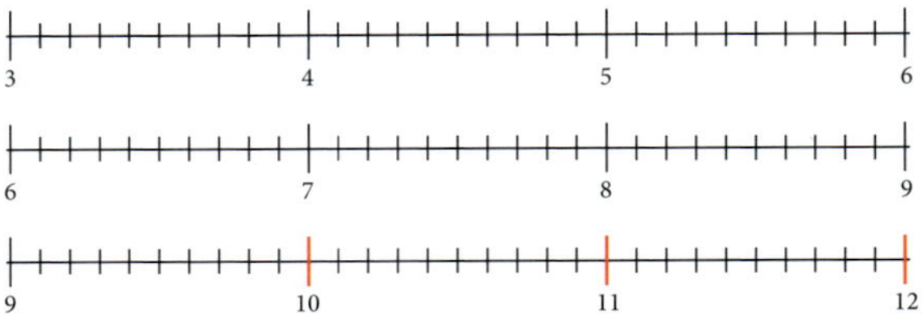

1,5; 12; 10; 0,5; 2,6; 0,6;
Würde man den Zahlenstrahl länger zeichnen, könnte man sehen, dass man 10 und 12 auch genau einzeichnen könnte.

b) *verschiedene Lösungen sind möglich*
Mögliche Lösung: Bei 1,43; 0,15 und 2,35 müsste jeder Schritt auf dem Zahlenstrahl noch einmal in zehn Teilschritte unterteilt werden.
Die Unterteilung muss also zehn Mal so fein sein.
Beispiel: 0,15

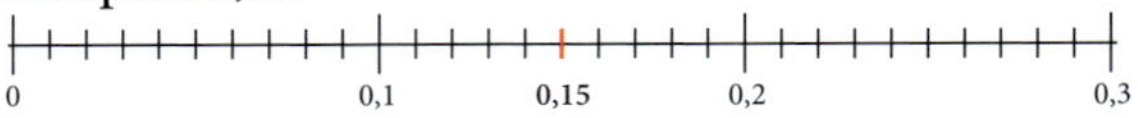

Bei 1,005 müsste jeder Schritt auf dem Zahlenstrahl noch einmal in hundert Teilschritte unterteilt werden. Die Unterteilung müsste also hundertfach so fein sein. Diesen Wert kann man nur ungefähr eintragen.
Beispiel: 1,005 bei sehr verfeinerter Unterteilung (Ausschnitt des Zahlenstrahls zwischen 1 und 1,03):

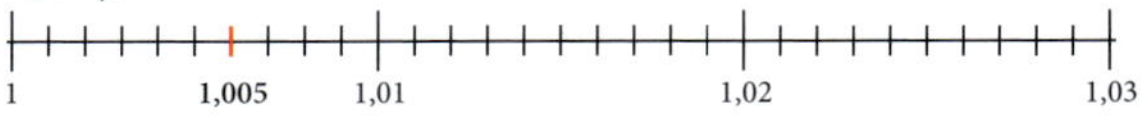

8 Fehler suchen am Zahlenstrahl

a)

	Falscher Wert	Korrigierter Wert
①	0,02	0,2
	1,05	1,5
	24	2,4
②	0,5	0,15

Vertiefen 2 Dezimalzahlen in der Stellentafel lesen und schreiben

Seite 158

9 Dezimalzahlen aussprechen

a) (1)

31,2	3 Zehner, 1 Einer, 2 Zehntel einunddreißig Komma zwei
3,12	3 Einer, 1 Zehntel, 2 Hundertstel drei Komma eins zwei
0,312	3 Zehntel, 1 Hundertstel, 2 Tausendstel null Komma drei eins zwei

(2)

11	1 Zehner, 1 Einer elf
10,1	1 Zehner, 1 Zehntel zehn Komma eins
10,01	1 Zehner, 1 Hundertstel zehn Komma null eins
10,001	1 Zehner, 1 Tausendstel zehn Komma null null eins

(3)

700	7 Hunderter; siebenhundert
70	7 Zehner; siebzig
7	7 Einer; sieben
0,7	7 Zehntel; null Komma sieben
0,07	7 Hundertstel; null Komma null sieben
0,007	7 Tausendstel; null Komma null null sieben

10 Dezimalzahlen lesen

a)
(1) 43,2 dreiundvierzig Komma zwei
4 Zehner, 3 Einer, 2 Zehntel
(2) 43,02 dreiundvierzig Komma null zwei
4 Zehner, 3 Einer, 2 Hundertstel
(3) 0,432 null Komma vier drei zwei
4 Zehntel, 3 Hundertstel, 2 Tausendstel
(4) 0,602 null Komma sechs null zwei
6 Zehntel, 2 Tausendstel
(5) 6,02 sechs Komma null zwei
6 Einer, 2 Hundertstel
(6) 0,062 null Komma null sechs zwei
6 Hundertstel, 2 Tausendstel
(7) 8,5 acht Komma fünf
8 Einer, 5 Zehntel
(8) 8,500 acht Komma fünf
(Wenn Null die letzte Ziffer der Zahl ist, muss man sie nicht aussprechen. Man spricht sie nur, wenn danach noch Ziffern stehen. Siehe (5))
8 Einer, 5 Zehntel
(9) 8,50 acht Komma fünf
(Wenn Null die letzte Ziffer der Zahl ist, muss man sie nicht aussprechen. Man spricht sie nur, wenn danach noch Ziffern stehen. Siehe (5))
8 Einer, 5 Zehntel

b)
Reihe 1: 0,432; 43,02; 43,2
Reihe 2: 0,062; 0,602; 6,02
Reihe 3: Alle drei Zahlen sind gleich groß.

11 Die Null untersuchen

(1) 34,8 m : 200,005 m
(2) 40 000 m : 170,05 m
(3) 0,04 m : 0,003 m

Nullen nach dem Komma am Ende der Zahl können weggelassen werden. 1,60 = 1,6
Auch die Nullen vor dem Komma vor der Zahl können weggelassen werden. 05,21 = 5,21.
Ist vor dem Komma keine Zahl, muss man die Null vor dem Komma schreiben. 000,7 = 0,7
Wenn man Nullen innerhalb der Zahl weglässt, ändert sich ihr Wert: 2,05 ist nicht gleich 2,5.

Seite 159

12 Wasseruhr ablesen

a) Hinweis: Der rechte Zeiger ist schon etwas weiter von der 6, weil der nächstkleinere daneben schon die Hälfte gelaufen ist.

Z	E	z	h	t	zt
2	3	6	5	1	0

23,6510 m^3 (Kubikmeter), das sind 23651 Liter

b) Der Zeiger, der die Zehntel (z) angibt (0,1) müsste fünf Striche weiter vorn stehen.
Das wäre kurz nach „1“ statt kurz nach „6“.

13 Fehlersuche in der Stellentafel

a) Fehler bei (2), (3), (5), (8), (9)
Richtig abgelesen wäre: (2) 1,24 (3) 10,03
(5) 0,05 (8) 5,05 (9) 17,2

b) *verschiedene Lösungen sind möglich*

14 Runden in der Stellentafel

a) (1)

Z	E	z	h	t	zt
	0	1	2	3	4
	0	1			
	0	1	2		
	0	1	2	3	

Hier bleiben die Ziffern der ursprünglichen Zahl erhalten. Da immer abgerundet wird, sieht es aus als ob man die nicht benötigten Stellen einfach „abschneiden“ würde.
Beispiel: Möchte man diese Zahl 0,1234 auf Zehntel runden, schaut man die Hundertstel an. Hier sind es 2 Hundertstel.
Egal ob hier 0; 1; 2; 3 oder 4 Hundertstel stehen, wird abgerundet und die 1 bleibt bei den Zehnteln stehen.

(2)

Z	E	z	h	t	zt
	0	5	6	7	8
	0	6			
	0	5	7		
	0	5	6	8	

Hier verändern sich die Ziffern beim Runden.
Beispiel: Möchte man diese Zahl 0,5678 auf Zehntel runden, schaut man die Hundertstel an. Hier sind es 6 Hundertstel.
Egal ob hier 5; 6; 7; 8 oder 9 Hundertstel stehen, wird aufgerundet und die 5 bei den Zehnteln wird zur 6.

(3)

Z	E	z	h	t	zt
	0	1	9	1	9
	0	2			
	0	1	9		
	0	1	9	2	

Hier verändern sich die Ziffern beim Runden oder sie bleiben erhalten.
Beispiel: Möchte man die Zahl 0,1919 auf Zehntel runden, muss man wegen der 9 Hundertstel aufrunden und erhält 0,2.
Möchte man auf Hundertstel runden, muss man wegen der 1 Tausendstel abrunden und erhält 0,19.

(4)

Z	E	z	h	t	zt
	0	9	9	9	9
	1	0			
	1	0	0		
	1	0	0	0	

Hier muss jeweils aufgerundet werden, da jeweils die Ziffer 9 steht.

Bei einer Zahl mit Komma neun neun neun usw. ist es also egal, auf welche Nachkommastelle man rundet. Es rundet sich immer auf die nächstgrößere Einerzahl.
Beispiel: 5,9999999999999999999
Gerundet auf Zehntel: 6,0
Gerundet auf Zehntausendstel: 6,0

b) *verschiedene Lösungen sind möglich*
Mögliche Lösungen: 0,45; 0,46; usw. bis 0,54.
Aber auch beispielsweise zwischen: 0,451 und 0,549

Vertiefen 3 Dezimalzahlen vergleichen

Seite 160

15 Trinkgläser sortieren

a) Beispiel für passende Getränke

b)

0,02 l	sehr kleines Glas
0,05 l	Sekt / Portwein, etwas größeres Glas
0,1 l	kleines Weinglas
0,2 l	normales Wasserglas
0,25 l	normale Tasse, größeres Glas
0,33 l	Colaglas
0,5 l	sehr große Tasse
0,75 l	Mineralwasserflasche
1 l	normale Trinkflasche
1,5 l	große PET-Flasche

16 Gleiche Ziffern, verschiedene Zahlen

a) 0,145 < 0,154 < 0,415 < 0,451 < 0,514 < 0,541

b) 0,0123 < 0,1023 < 0,1203 < 0,1230
(0,1230 = 0,123)

17 Dezimalzahlen und Brüche

a)
b) Zunächst schreibt man alle Zahlen entweder als Dezimalzahl oder als Bruch, damit man sie besser ordnen kann:

(1) $(\frac{1}{10} =)\ 0{,}1 < \frac{2}{10} < \frac{3}{10} < 0{,}4 < \frac{1}{2} < 0{,}6 < 0{,}7 < 0{,}8 < \frac{9}{10}$
Wenn man alle Zahlen als Dezimalzahl oder als Bruch schreibt, sieht es so aus:

0,1	0,2	0,3	0,4	0,5	0,6	0,7	0,8	0,9
$\frac{1}{10}$	$\frac{2}{10}$	$\frac{3}{10}$	$\frac{4}{10}$	$\frac{5}{10}$	$\frac{6}{10}$	$\frac{7}{10}$	$\frac{8}{10}$	$\frac{9}{10}$

Es sind immer Zehntelschritte.

(2) $\frac{1}{4} < \frac{4}{8} < 0{,}75 < \frac{10}{10} < 1{,}25 < \frac{3}{2} < \frac{7}{4} < \frac{16}{8}$
Wenn man alle Zahlen als Dezimalzahl oder als Bruch schreibt, sieht es so aus:

0,25	0,5	0,75	1,0	1,25	1,5	1,75	2
$\frac{1}{4}$	$\frac{2}{4}$	$\frac{3}{4}$	$\frac{4}{4}$	$\frac{5}{4}$	$\frac{6}{4}$	$\frac{7}{4}$	$\frac{8}{4}$

Hier sind es immer Viertelschritte.

18 Dezimalzahlen mit Worten vergleichen

links:

(1) $\frac{1}{10}$ ist das gleiche wie 0,1

(2) $\frac{1}{10} + \frac{3}{10} = 0{,}4$ oder $0{,}4 + \frac{3}{10} = 0{,}7$

(3) $0{,}99 + 0{,}01 = 1$

rechts:

(1) 0,5 ist $\frac{1}{10}$ größer als 0,4. 0,4 ist $\frac{1}{10}$ größer als $\frac{3}{10}$

(2) 0,1 ist fünf Hundertstel größer als 0,05.

(3) 0,1 und 0,11 unterscheiden sich um $\frac{1}{100}$ oder 0,99 und 1 unterscheiden sich um $\frac{1}{100}$.

Seite 161

19 Passende Karten finden

a) (1) 0,22; 0,220; $\frac{2}{10} + \frac{2}{100}$; zwei Zehntel und zwei Hundertstel; zweiundzwanzig Hundertstel
(2) 0,2; 0,20; $\frac{2}{10}$; zwei Zehntel
(3) $\frac{2}{1000}$; zwei Tausendstel
(4) 0,202; $\frac{2}{10} + \frac{2}{1000}$; zwei Zehntel und zwei Tausendstel; zweihundertzwei Tausendstel

b) 0,222; Beispiele für weitere Schreibweisen: zweihundertzweiundzwanzig Tausendstel; zwei Zehntel, zwei Hundertstel und zwei Tausendstel; $\frac{2}{10} + \frac{2}{100} + \frac{2}{1000}$

c) *verschiedene Lösungen sind möglich*
Beispiel: $\frac{1}{2}$; 0,5; Fünf Zehntel; Fünfhundert Tausendstel; …

20 Trios suchen

Die Aufgabe ist ein Spiel und hat deshalb keine Lösung.

Vertiefen 4 Rechnen mit Dezimalzahlen

Seite 162

22 Ein etwas anderer Weitsprungwettbewerb

A:		
	4,53	m
	4,00	m
	4,20	m
	4,07	m
	3,74	m
+	3,92	m
	2 1	
	24,46	m

B:		
	3,89	m
	4,20	m
	4,66	m
	3,90	m
	4,16	m
+	4,08	m
	2 2	
	24,89	m

Addierte Weiten:
Mannschaft A: 24,46 m
Mannschaft B: 24,89 m
Also hat Mannschaft B gewonnen.

21 Rekordjagd im Alleingang

a) *verschiedene Lösungen sind möglich*
Die Liste der Weltrekorde könnte z. B. so aussehen:
5,95; 5,96; 5,97; 5,98; 5,99; 6,0; 6,01, 6,03; 6,04; 6,05; 6,06; 6,07; 6,08; 6,09; 6,10; 6,11; 6,13;
Möglich sind folgende Werte:
5,95; 5,96; 5,97; 5,98; 5,99; 6,0; 6,01; 6,02; 6,03; 6,04; 6,05; 6,06; 6,07; 6,08; 6,09; 6,10; 6,11; 6,12; 6,13

b) Er hätte den Rekord höchstens zwanzigmal verbessern können. Da die Höhe der Latte in Hundertstelmeter (also immer 1 cm höher) gemessen wird, kann er sich in der Spanne von 5,94 m bis 6 m sechsmal verbessern und in der Spanne von 6 m bis 6,14 m kann er sich 14-mal verbessern. Also $6 + 14 = 20$.
(1) 40-mal, da bei der Messung der Höhe im Vergleich zu b) immer noch eine „Zwischengröße“ dazukommt, sich die Anzahl der Werte also verdoppelt.
Mögliche Werte könnten sein: 5,945; 5,95; 5,955
(2) 200-mal, da die Messung so verfeinert wird, dass zwischen zwei ursprünglich dicht liegenden Werten noch 9 Zwischenwerte hinzukommen. Somit kann der Stabhochspringer sich anstatt einmal (ursprünglicher in b)) nun zehnmal so oft verbessern, also $20 \cdot 10 = 200$.
Mögliche Werte:
5,941; 5,942; 5,943; …6,138; 6,139

23 Brüche und Dezimalzahlen

a) (1) 0,2 (2) 0,11 (3) 0,101
(4) 0,443 (5) 0,353 (6) 0,344
(7) 1,041 (8) 0,411 (9) 0,348

b) *verschiedene Lösungen sind möglich*

24 Erstaunliche Ergebnisse

a) (1) 0,5555 Bei allen Stellen erhält man 5.
(2) 0,44444 Bei allen Stellen erhält man 4.
(3) 0,1221
(4) 0,01 Wenn man die Aufgabe Schritt für Schritt rechnet, sieht man, dass immer die Hälfte abgezogen wird: $0{,}64 - 0{,}32 = 0{,}32$; $0{,}32 - 0{,}16 = 0{,}16$; $0{,}16 - 0{,}08 = 0{,}08$; $0{,}08 - 0{,}04 = 0{,}04$; usw.

b) *verschiedene Lösungen sind möglich*

25 Zahlen ganz machen

1,22 + 1,78 = 3	0,11 + 88,89 = 89
0,12 + 2,88 = 3	2,95 + 2,05 = 5
4,9 + 1,1 = 6	0,001 + 13,999 = 14
0,98 + 1,02 = 2	9,99 + 0,01 = 10

Seite 163

26 Wie viel fehlt noch?

links:
(1) 0,1 s oder eine Zehntelsekunde
(2) 0,9 s oder neun Zehntelsekunden
(3) 0,002 s oder zwei Tausendstelsekunden

rechts:
(1) 0,1 s oder eine Zehntelsekunde
(2) 0,45 s oder vier Zehntelsekunden und 5 Hundertstelsekunden
(3) 0,111 s oder eine Zehntel, eine Hundertstel- und eine Tausendstelsekunde (0,001 s fehlen bis 0,89; und dann fehlen noch 0,11 s bis zu der vollen einen Sekunde.)

27 Zehntel, Hunderstel, Tausendstel

verschiedene Lösungen sind möglich
Überlegt nach dem Spiel:
Wie seid ihr vorgegangen?
Welches waren günstige Spielstrategien?

28 Fehlersuche

a)	(1) richtig	(2) falsch korrigiert: 34,11	(3) falsch korrigiert: 5,904
b)	(1) richtig	(2) richtig	(3) falsch korrigiert: 99,09
c)	(1) richtig	(2) richtig	(3) falsch korrigiert: 1,28

29 Die Entwicklung von Rekorden

a)

Jahreszahlen	Rekordverbesserung	
1981–1982	5,79 s	5 Sek; 7 Zehntelsekunde und 9 Hundertstelsekunden
1982–1985	0,01 s	1 Hundertstelsekunde
1985–1987	2,01 s	2 Sek und 1 Hundertstelsekunde
1987–1994	1,43 s	1 Sek; 43 Hundertstelsekunden oder: 1 Sek., 4 Zehntelsek. und 3 Hundertstelsek.
1994–1995	1,66 s	1 Sek und 66 Hundertstelsekunden oder: 1 Sek, 6 Zehntelsek. und 6 Hundertstelsek.
1995–1995	10,91 s	10 Sek, 91 Hundertstelsekunden; oder: 10 Sek, 9 Zehntelsek. und 1 Hundertstelsek.
1995–1997	2,53 s	2 Sek, 53 Hundertstelsekunden oder: 2 Sek., 5 Zehntelsek. und 3 Hundertstelsek.
1997–1997	2,12 s	2 Sek., 12 Hundertstelsekunden. oder 2 Sek., eine Zehntelsek. und 2 Hunderstelsek.
1997–1998	0,38 s	38 Hundertstelsekunden; oder: 3 Zehntelsekunden und 8 Hundertstelsekunden
1998–2004	2,01 s	2 Sek und 1 Hundertstelsekunde

b) Am größten war die Verbesserung am 6.6.1995 von Haile Gebrselassie um 10,91 s.
Am kleinsten war die Verbesserung am 27.7.1985 von Said Aouita um 0,01 s.

Seite 164

30 Reporter verstehen

(1) Lizeroux
(2) Raich
(3) Razzoli
(4) Hirscher
(5) Hirscher
(6) Janyk

31 Kopfrechentraining

Die Aufgabe ist ein Spiel und hat deshalb keine Lösung.

32 Im Kopf überschlagen

a) 7,56 + 2,39 = 9,95
Überschlagen kann man z. B: 7,6 + 2,4 = 10
b) 3,7 + 2,311 = 6,011
Überschlagen kann man z. B: 3,7 + 2,3 = 6
c) 18,88 – 7,51 = 11,37
Überschlagen kann man z. B: 18,9 – 7,5 = 11,4
d) 35,252 – 20,255= 14,997
Überschlagen kann man z. B: 25 – 20 = 15

Vertiefen 5 Dezimalzahlen in Texten und Zusammenhängen verstehen

Seite 165

33 Immer genauer
verschiedene Lösungen sind möglich
Überlegung 1:
Umso schneller die einzelnen Sportler bei einer Sportart am Ziel ankommen, desto dichter liegen ihre benötigten Zeiten und desto genauer muss deshalb die Zeit gemessen werden, um den Sieger zu ermitteln.
Überlegung 2:
Man kann auch so überlegen: Wenn ein Sportler 1s schneller ist, wie groß ist dann sein Vorsprung? Welche Strecke ist er voraus?

34 Sinn von Genauigkeit
① Die letzte Dezimalstelle gibt die Zehntelmeter (Dezimeter) an.
Die Angabe von Dezimetern bei Wanderschildern ist unüblich und überflüssig, da man nur eine ungefähre Meterangabe möchte, dafür würde die Angabe 750 m völlig ausreichen.
Schon ein Schritt mehr ist ja bereits 1 m.
Außerdem widerspricht sich das „ca." und die ziemliche genaue Meterangabe.
② Die letzte Dezimalstelle gibt die Tausendstelmeter (Millimeter) an.
Diese Genauigkeit ist völlig übertrieben.
Wenn sich die Höhe auf die Unterkante des i-Punktes von „Metri" bezieht, dann wäre sie für die Oberkante schon wieder falsch.
Üblich ist es die Höhe über dem Meeresspiegel auf Meter gerundet anzugeben.

35 Schwimm-Weltmeisterschaft für Menschen mit Behinderung
a) Teigan von Roosmalen: 1:13,94 Minuten
Bestzeit vor dem Wettkampf war langsamer:
17 Hunderstel Sekunden = 0:00,17 Minuten
1:13,94 + 0:00,17 = 1:14,11
Die persönliche Bestzeit vor dem Wettkampf war 1:14,11 Sekunden.
b) Michael Anderson: 58,69 Sekunden
Terence Parkin war 0,38 Sekunden schneller.
58,69 – 0,38 = 58,31
Terence war 58,31 Sekunden schnell.

36 Zeitungsartikel zum Sport
Die Aufgabe ist ein Rechercheauftrag und hat deshalb keine Lösung.

Vertiefen 1 Die Größe von Flächen vergleichen

Seite 182

1 Wer hat am meisten Platz
Geordnet von klein nach groß: ② < ① < ④ < ③
Um die Flächen besser miteinander vergleichen zu können, kann man die Flächen anders zusammenfügen.

2 Löwenkäfige
a) ① 24 m^2 ② 25 m^2 ③ 24 m^2
④ 25 m^2 ⑤ 28 m^2
Die Käfige ②, ④ und ⑤ haben mindestens einen Flächeninhalt von 25 m^2.
b) *verschiedene Lösungen sind möglich*

3 Ein Flächeninhalt – viele Formen
verschiedene Lösungen sind möglich
Alle Figuren haben denselben Flächeninhalt von 40 Kästchen.

4 Flächen aufteilen
a) *verschiedene Lösungen sind möglich,* z. B.:

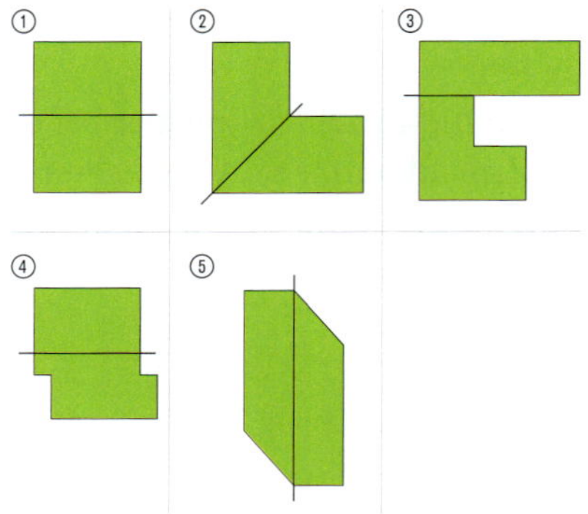

b) *verschiedene Lösungen sind möglich,* z. B:

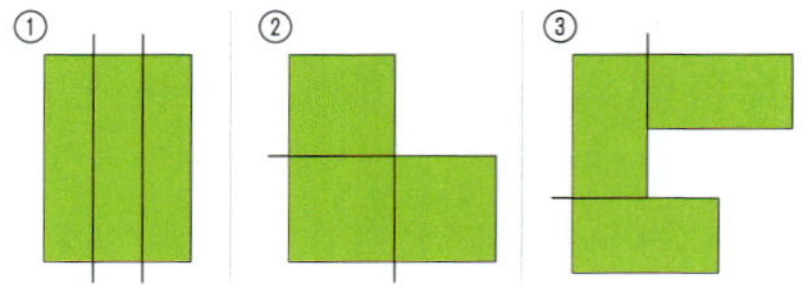

Vertiefen 2 Flächeninhalte bestimmen

Seite 183

5 Sich die Größe von Flächen vorstellen
Geordnet von klein nach groß:
⑤ Briefmarke, ⑥ Schokolade, ⑦ Monitor, ④ Tafelseite, ③ Haustür, ② Fußballfeld, ① Helgoland

6 Fehlende Einheiten ergänzen
links:
(1) Mein Daumennagel ist 1 **cm^2** groß.
(2) Mein Zimmer ist 15 **m^2** groß.
(3) Die Tür hat eine Fläche von 2 **m^2.**
(4) Ein Handydisplay ist 40 **cm^2** groß.
(5) Ein A4-Blatt ist 6 **dm^2** groß.

rechts:
(1) Eine Ringermatte ist 100 **m^2** groß.
(2) Ein Tisch hat eine Fläche von 96 **dm^2**.
(3) Ein Bildschirm ist 1200 **cm^2** groß.
(4) Eine Briefmarke ist 250 **mm^2** groß.
(5) Die Insel Rügen ist 926 **km^2** groß.

7 Flächeninhalte von Rechtecken bestimmen
a) ① $3\,m \cdot 4\,m = 12\,m^2$
② $2\,cm \cdot 4\,cm = 8\,cm^2$
③ Eine Seitenlänge ist 8 m.
Die andere Seitenlänge kann man auf 6 m schätzen. Mit $8\,m \cdot 6\,m = 48\,m^2$ könnte der Flächeninhalt 48 m^2 betragen.
④ $7\,m \cdot 4\,m = 28\,m^2$
b) *verschiedene Lösungen sind möglich*

Seite 184

8 Flächen im Klassenzimmer
a) Die aufgeklappte Tafel ist etwa 4 m^2 groß.
b) Eine Tischplatte hat ungefähr den Flächeninhalt von 2 m^2 (1 m breit, 2 m lang).
c) Länge des Raumes: 4 Tischreihen benötigen ca. 8 m, dazu 2 m bis zur Tafel; also $8\,m + 2\,m = 10\,m$
Breite des Raumes: 3 Tischreihen benötigen ca. 6 m, dazu kommen 2 m Durchgang; also
$6\,m + 2\,m = 8\,m$
Gesamtfläche etwa $10\,m \cdot 8\,m = 80\,m^2$.
d) *verschiedene Lösungen sind möglich*

9 Flächeninhalte berechnen durch Ergänzen oder Zerlegen
verschiedene Lösungen sind möglich, z. B.
links:
① $2\,cm \cdot 7\,cm + 1\,cm \cdot 4\,cm = 14\,cm^2 + 4\,cm^2 = 18\,cm^2$
② $3\,cm \cdot 3\,cm + 4\,cm \cdot 4\,cm + 2\,cm \cdot 1\,cm = 9\,cm^2 + 16\,cm^2 + 2\,cm^2 = 27\,cm^2$
③ $7\,cm \cdot 6\,cm - 3\,cm \cdot 2\,cm = 42\,cm^2 - 6\,cm^2 = 36\,cm^2$
④ $10\,cm \cdot 5\,cm + 3\,cm \cdot 3\,cm = 50\,cm^2 + 9\,cm^2 = 59\,cm^2$

rechts:

① $10\,cm \cdot 8\,cm - 6\,cm \cdot 2\,cm = 80\,cm^2 - 12\,cm^2$
$= 68\,cm^2$

② $20\,m \cdot 18\,m - 5\,m \cdot 6\,m - 5\,m \cdot 8\,m$
$= 360\,m^2 - 30\,m^2 - 40\,m^2 = 290\,m^2$

③ $18\,m \cdot 20\,m - 6\,m \cdot 8\,m - 6\,m \cdot 8\,m$
$= 360\,m^2 - 48\,m^2 - 48\,m^2 = 264\,m^2$

Die Hilfslinien sollten so eingezeichnet werden, dass Figuren entstehen, von welchen man den Flächeninhalt einfacher bestimmen kann.

10 Aus Flächen Längen berechnen

a) *verschiedene Lösungen sind möglich*, z. B.
- 6 cm lang
  3 cm breit
- 9 cm lang
  2 cm breit

b)

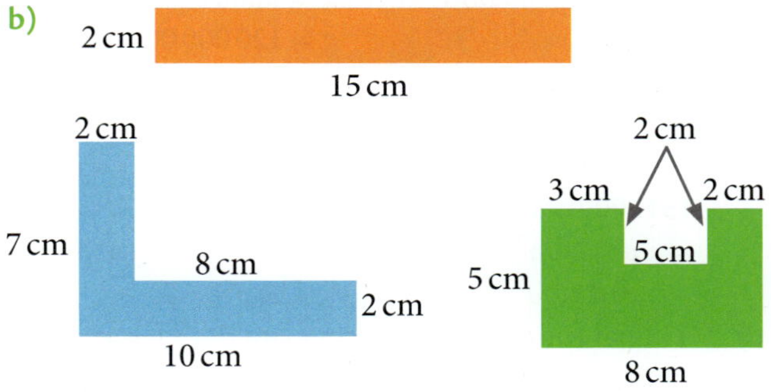

Vertiefen 3 Flächeneinheiten umrechnen

Seite 185

11 Umrechnen durch Vorstellen

a) In das lange Brett mit der Länge 4 m und Höhe 8 cm passen 400 Zentimeterquadrate nebeneinander und dann in Reihen 8 Zentimeterquadrate übereinander. Das Brett hat den Flächeninhalt $400\,cm \cdot 8\,cm = 3200\,cm^2$.

b) In das Brett mit der Länge 1,5 m und Höhe 20 cm passen 150 Zentimeterquadrate nebeneinander und 20 Zentimeterquadrate übereinander. Das Brett hat den Flächeninhalt $150\,cm \cdot 20\,cm = 3000\,cm^2$.

c) In das kurze Brett passen 15 Dezimeterquadrate nebeneinander und 2 Dezimeterquadrate übereinander. Das Brett hat den Flächeninhalt $15\,dm \cdot 2\,dm = 30\,dm^2$.

d) *verschiedene Lösungen sind möglich*, z. B.:
$20\,m^2 = 4\,m \cdot 5\,m = 400\,cm \cdot 500\,cm = 200\,000\,cm^2$
$20\,m^2 = 2\,m \cdot 10\,m = 200\,cm \cdot 1000\,cm = 20\,000\,cm^2$

e)

(1) $20\,m^2 = 4\,m \cdot 5\,m = 40\,dm \cdot 50\,dm = 2000\,dm^2$	$120\,m^2 = 60\,m \cdot 2\,m = 6000\,cm \cdot 200\,cm = 1\,200\,000\,cm^2$
(2) $20\,m^2 = 4\,m \cdot 5\,m = 400\,cm \cdot 500\,cm = 200\,000\,cm^2$	$120\,m^2 = 60\,m \cdot 2\,m = 600\,dm \cdot 20\,dm = 12\,000\,dm^2$
(3) $20\,m^2 = 4\,m \cdot 5\,m = 4000\,mm \cdot 5000\,mm = 20\,000\,000\,mm^2$	$120\,m^2 = 60\,m \cdot 2\,m = 60\,000\,mm \cdot 2000\,mm = 120\,000\,000\,mm^2$
(4) $900\,cm^2 = 30\,cm \cdot 30\,cm = 3\,dm \cdot 3\,dm = 9\,dm^2$	$15\,000\,cm^2 = 300\,cm \cdot 50\,cm = 30\,dm \cdot 5\,dm = 150\,dm^2$
(5) $1000\,cm^2 = 10\,cm \cdot 100\,cm = 1\,dm \cdot 10\,dm = 10\,dm^2$	$15\,000\,cm^2 = 300\,cm \cdot 50\,cm = 3\,m \cdot 0{,}5\,m = 1{,}5\,m^2$

12 Vom Quadratmillimeter zum Quadratkilometer

a) 1 mm passt 10-mal in 1 cm, also 10 mm = 1 cm; $1\,mm^2$ passt $10 \cdot 10 = 100$-mal in $1\,cm^2$, also $100\,mm^2 = 1\,cm^2$

b) *verschiedene Lösungen sind möglich*

c)

(1) $1\,m = 10\,dm$, $1\,m^2 = 100\,dm^2$	$1\,m = 100\,cm$, $1\,m^2 = 10\,000\,cm^2$
(2) $1\,dm = 10\,cm$, $1\,dm^2 = 100\,cm^2$	$1\,m = 1000\,mm$, $1\,m^2 = 1\,000\,000\,mm^2$
(3) $1\,cm = 10\,mm$, $1\,cm^2 = 100\,mm^2$	$1\,km = 1000\,m$, $1\,km^2 = 1\,000\,000\,m^2$

d) Bei Längen in die direkt kleinere Einheit (mm, cm, dm, m) umzurechnen bedeutet mit 10 zu multiplizieren. Bei Flächeninhalten wird mit 100 multipliziert.
Von km in m muss man mit 1000 multiplizieren und von km^2 in m^2 mit 1 000 000.

Seite 186

13 Umrechnen mit Stellen

a) Pia meint, wenn die Länge mit dem Faktor 10 umgerechnet wird (Beispiel: 1 m = 10 dm), dann gilt für die Flächenumrechnung der Umrechnungsfaktor $10 \cdot 10 = 100$.
Beispiel: $1\,m^2 = 100 \cdot 1\,dm^2 = 100\,dm^2$

b) Wenn Pia $25\,m^2$ in cm^2 umrechnet, rechnet sie zuerst mit dem Umrechnungsfaktor 100 von m in cm, also 1 m = 100 cm.
Der Umrechnungsfaktor für die Flächenumrechnung ist dann $100 \cdot 100 = 10\,000$, also $1\,m^2 = 10\,000\,cm^2$ und $25\,m^2 = 250\,000\,cm^2$.

c)

(1) $20\,m^2 = 100 \cdot 20\,dm^2 = 2000\,dm^2$	$120\,m^2 = 100 \cdot 120\,dm^2 = 12\,000\,dm^2$

(2) $20\,m^2 =$ $10\,000 \cdot 20\,cm^2 =$ $200\,000\,cm^2$	$120\,m^2 =$ $100 \cdot 100 \cdot 120\,mm^2 =$ $10\,000 \cdot 120\,cm^2 =$ $1\,200\,000\,cm^2$
(3) $20\,m^2 =$ $1\,000\,000 \cdot 20\,mm^2 =$ $20\,000\,000\,mm^2$	$120\,m^2 =$ $10\,000 \cdot 100 \cdot 120\,mm^2$ $= 1\,000\,000 \cdot 120\,mm^2$ $= 120\,000\,000\,mm^2$
(4) $900\,cm^2 =$ $900\,dm^2 : 100 = 9\,dm^2$	$15\,000\,cm^2 =$ $15\,000\,dm^2 : 100 =$ $150\,dm^2$
(5) $1000\,cm^2 =$ $1000\,dm^2 : 100 =$ $10\,dm^2$	$15\,000\,cm^2 =$ $15\,000\,m^2 : 10\,000 =$ $1{,}5\,m^2$

d) Till hat für die Umrechnung von der kleineren Einheit (cm) in die nächstgrößere Einheit (dm) mit dem Faktor 100 multipliziert.
Die Rechnung wäre richtig gewesen, wenn er in die nächstkleinere Einheit umgerechnet hätte.
Richtig ist: $5\,cm^2 = 500\,mm^2$
Wenn er in dm^2 umrechnen will muss er durch 100 dividieren.
Es gilt: Länge durch 10 ergibt Fläche durch 100; also $500\,cm^2 = 500\,dm^2 : 100 = 5\,dm^2$

e) (1) falsch: $125\,m^2 = 10\,000 \cdot 125\,cm^2 = 1\,250\,000\,cm^2$
(2) falsch: $2500\,dm^2 = 100 \cdot 2500\,cm^2 = 250\,000\,cm^2$
(3) falsch: $200\,mm^2 = 2\,cm^2$
(4) falsch: $11\,000\,cm^2 = 1\,100\,000\,mm^2$ oder $11\,000\,cm^2 = 110\,dm^2$
(5) richtig
(6) falsch: $20\,m^2 = 100 \cdot 100 \cdot 20\,cm^2 = 200\,000\,cm^2$

14 Umwandeln

a) (1) $2\,m^2 = 10\,000 \cdot 2\,cm^2 = 20\,000\,cm^2$
(2) $10\,000\,cm^2 = 10\,000\,m^2 : 10\,000 = 1\,m^2$
(3) $42\,m^2 = 10\,000 \cdot 42\,cm^2 = 420\,000\,cm^2$

b) *verschiedene Lösungen sind möglich;* Beispiele:
(1) $2\,m \cdot 1\,m$, denn $2 \cdot 1 = 2$
(2) $1\,m \cdot 1\,m$, denn $1 \cdot 1 = 1$
(3) $10\,cm \cdot 420\,m$, denn $10 \cdot 42\,000\,m = 420\,000$ und $420\,000\,cm^2 = 42\,m^2$

15 Sägen auf Maß

(1) rote Fläche: $4200\,cm^2$ Restfläche: $10\,000\,cm^2 - 4200\,cm^2 = 5800\,cm^2$	rote Fläche: $2100\,cm^2$ Restfläche: $10\,000\,cm^2 - 2100\,cm^2 = 7900\,cm^2$
(2) rote Fläche: $8000\,cm^2$ Restfläche: $10\,000\,cm^2 - 8000\,cm^2 = 2000\,cm^2$	rote Fläche: $2500\,cm^2$ Restfläche: $10\,000\,cm^2 - 2500\,cm^2 = 7500\,cm^2$
(3) rote Fläche: $2800\,cm^2$ Restfläche: $10\,000\,cm^2 - 2800\,cm^2 = 7200\,cm^2$	rote Fläche: $2500\,cm^2$ Restfläche: $10\,000\,cm^2 - 2500\,cm^2 = 7500\,cm^2$

Vertiefen 4 Flächeninhalte schätzen und überschlagen

Seite 187

16 Große und kleine Schachbretter

verschiedene Lösungen sind möglich
Ein Schachbrett hat $8 \cdot 8 = 64$ Felder.

① Die Länge einer Parkbank ist etwa 2 m.
Das Schachbrett ist also etwa 4 m breit.
Schachbrett:
$4\,m \cdot 4\,m = 16\,m^2$
$16\,m^2 = 10\,000 \cdot 16\,cm^2 = 160\,000\,cm^2$
Spielfeld:
$2500\,cm^2$, denn $160\,000\,cm^2 : 64 = 2500\,cm^2$

② Das Schachbrett ist etwa so breit wie ein Kind (ca. 30 cm).
Schachbrett:
etwa $30\,cm \cdot 30\,cm = 900\,cm^2$
Spielfeld:
etwa $14\,cm^2$, denn $900\,cm^2 : 64 = 14{,}06\,cm^2$.

③ Das Schachbrett ist etwa so lang wie ein Streichholz (ca. 5 cm).
Schachbrett:
etwa $5\,cm \cdot 5\,cm = 25\,cm^2 = 2500\,mm^2$
Spielfeld:
etwa $40\,mm^2$, denn $2500 : 64 = 39{,}06\,mm^2$

17 Holzplatten

Das Brett des dritten Kindes ist ungefähr 1,40 m breit und hoch und das Brett des vierten Kindes ist etwa 1,20 m breit und 1 m hoch. Da eine Fläche mit 1 m Breite und 1 m Länge $1\,m^2$ groß ist, sind die Bretter des dritten und vierten Kindes größer als $1\,m^2$. Die anderen Bretter sind kleiner als $1\,m^2$.

18 Flächeninhalte von krummlinigen Figuren ungefähr bestimmen

① Till hat gezählt, wie viele ganze Karos in die Fläche des Teiches passen. Es befinden sich 17 ganze Kästchen in dieser Figur, der Teich hat also mehr als $17\,m^2$.

② Pia hat gezählt, wie viele Karos von dem Teich berührt werden (35 Karos), der Teich hat also weniger als $35\,m^2$.

③ Merve zählt 17 komplett gefüllte Kästchen und 18 teilweise gefüllte Kästchen.
Die 18 teilweise gefüllten Kästchen ergeben ungefähr 9 komplett gefüllten Kästchen.
Da $17 + 9 = 26$, hat der Teich ungefähr $26\,m^2$.

Seite 188

19 Krummlinige Flächen abschätzen

verschiedene Lösungen sind möglich; Rechenweg:
1. Linie von innen entlang des Karorasters zeichnen, Quadrate innen auszählen
2. Linie von außen entlang des Karorasters zeichnen, Quadrate innen und Teilquadrate zusammenzählen
3. Anzahl der Teilquadrate zu gefüllten Quadraten abschätzen und zu den Quadraten innen addieren

Der rechte Teich ist mit etwa 135 Kästchen größer als der linke Teich mit etwa 120 Kästchen.

20 Wildtiere mit viel Platz

a) *verschiedene Lösungen sind möglich*
Den Platz eines einzelnen Tiers im Ngorongoro-Krater kann man berechnen, indem man zuerst den Flächeninhalt des Kraters berechnet und dann den Flächeninhalt durch die Anzahl der dort lebenden Tiere (25 000 Säugetiere) teilt. Diesen Wert kann man dann mit der Größe eines Tiergeheges in einem Zoo vergleichen.

b) *verschiedene Lösungen sind möglich*
Man kann den Krater in ein Rechteck mit den Seitenlängen 17 km und 19 km einteilen und dann die „überstehenden" Ecken abziehen (ca. 3 km lang und 19 km breit):
$17 \cdot 19 - 3 \cdot 19 = 323 - 57 = 266\,km^2$

c) *verschiedene Lösungen sind möglich*
Flächeninhalt des Kraters ca. $266\,km^2$
Fläche pro Tier im Krater:
$266\,km^2 = 1\,000\,000 \cdot 266\,m^2 = 266\,000\,000\,m^2$
Bei 25 000 Säugetieren ergibt sich:
$266\,000\,000\,m^2 : 25\,000 = 10\,640\,m^2$
Jedes einzelne Tier hat also ungefähr $10\,000\,m^2$ zur Verfügung. Das wären 100 Klassenzimmer bei einer Klassenzimmergröße von $100\,m^2$, denn $100 \cdot 100\,m^2 = 10\,000\,m^2$.
In Aufgabe 3 auf Seite 171 hat z. B. ein einzelner Elefant ungefähr $15\,m^2$ Stall. Aber auch im Internet kann man die Größen von Gehegen nachschauen.
Der Zoo Berlin hat eine Fläche von $350\,000\,m^2$. Dort leben ca. 1000 Säugetiere.
Etwa ein Drittel der Fläche wird für Gehege genutzt, also stehen jedem Tier ca. $100\,000\,m^2 : 1000 = 100\,m^2$ zur Verfügung.
Die Tiere haben also im Krater viel mehr Platz als im Zoo, nämlich etwa 100-mal so viel.

Vertiefen 5 Flächeninhalt und Umfang

Seite 189

21 Größtes Rechteck

	Umfang	*Flächeninhalt*
①	12 cm	$8\,cm^2$
②	10 cm	$6\,cm^2$
③	12 cm	$9\,cm^2$
④	14 cm	$10\,cm^2$
⑤	18 cm	$8\,cm^2$
⑥	8 cm	$4\,cm^2$

Größter Umfang: ⑤
Größter Flächeninhalt: ④
Gleichgroßer Umfang: ①, ③
Gleichgroßer Flächeninhalt: ① und ⑤

22 Flächengleiche Rechtecke

a) *verschiedene Lösungen sind möglich,* z. B.:
Länge: 5 cm, Breite: 8 cm, Umfang: 26 cm (kleinster Umfang)
Länge: 10 cm, Breite 4 cm, Umfang: 28 cm
Länge: 20 cm, Breite: 2 cm, Umfang: 44 cm
Je weniger sich die beiden Seitenlängen unterscheiden, desto kleiner ist der Umfang.

b) *verschiedene Lösungen sind möglich,* z. B.:
Länge: 12 cm, Breite 8 cm, Flächeninhalt:
$12\,cm \cdot 8\,cm = 96\,cm^2$
Länge: 15 cm, Breite: 5 cm, Flächeninhalt:
$15\,cm \cdot 5\,cm = 75\,cm^2$
Länge: 9 cm, Breite: 11 cm, Flächeninhalt:
$9\,cm \cdot 11\,cm = 99\,cm^2$ (größter Flächeninhalt)
Je weniger sich die beiden Seitenlängen unterscheiden, desto größer ist der Flächeninhalt.

23 Was ist gesucht: Flächeninhalt oder Umfang?

(1) Umfang
(2) Umfang
(3) Flächeninhalt
(4) Umfang
(5) Flächeninhalt

24 Was beschreiben die Rechnungen: Flächeninhalt oder Umfang?

(1)	Flächeninhalt	Flächeninhalt
(2)	Umfang	Umfang
(3)	Flächeninhalt	Flächeninhalt
(4)	Flächeninhalt	Umfang

verschiedene Lösungen sind möglich, z. B.:

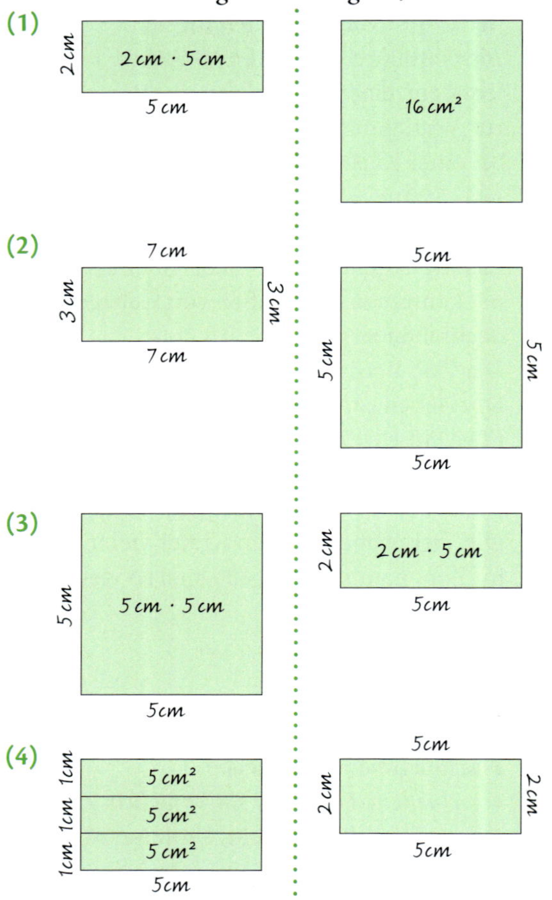

Seite 190

25 Umfang und Flächeninhalt verändern

a) (1) Bild ③, Bild ④ (2) Bild ② (3) Bild ⑤
(4) Bild ① (5) Bild ④

b) *verschiedene Lösungen sind möglich*

26 Fliesenlegen

verschiedene Lösungen sind möglich
Das Badezimmer ist 4,80 m = 480 cm lang und 3,60 m = 360 cm breit.
Die Fläche des Badezimmers beträgt:
$4{,}80\,m \cdot 3{,}60\,m = 17{,}28\,m^2 = 172\,800\,cm^2$ oder
$480\,cm \cdot 360\,cm = 172\,800\,cm^2$
Eine Fliese ist $30\,cm \cdot 30\,cm = 900\,cm^2$ groß.
Da $172\,800\,cm^2 : 900\,cm^2 = 192$ ist, benötigt man 192 Fliesen.
Eine Fliese kostet 8,00 €.
Die benötigten **Fliesen** kosten 192 · 8 € = **1536 €.**
Der Umfang des Badezimmers beträgt:
4,8 m + 4,8 m + 3,6 m + 3,6 m = 16,8 m.
Die **Silikonmasse** kostet pro Meter 0,70 €, daher gilt: 16,8 · 0,70 € = **11,76 €.**
In die Länge des Badezimmers passen 16 Fliesen in eine Reihe, denn: 480 cm : 30 cm = 16
In die Breite passen 12 Reihen Fliesen, denn: 360 cm : 30 cm = 12.
Daher gibt es 15 Reihen mit der Länge 360 cm und 11 Reihen mit der Länge 480 cm, die verfugt werden müssen.
15 · 360 cm = 5400 cm und 11 · 480 cm = 5280 cm
5400 cm + 5280 cm = 10 680 cm = 106,80 m
Der **Fugenmörtel** kostet 0,15 € pro Meter, daher gilt: 106,8 · 0,15 € = **16,02 €.**
Die **Arbeitskosten** betragen pro Quadratmeter 17 €, daher gilt bei einer Fläche von $17{,}28\,m^2$:
17,28 · 17 € = **293,76 €.**

Die **Gesamtkosten** betragen:
Fliesen 1536 €
Silikonmasse 11,76 €
Fugenmörtel 16,02 €
Arbeitskosten 293,76 €
1536 € + 11,76 € + 16,02 € + 293,76 € = **1857,54 €**

Vertiefen 6 Volumen und Oberflächen bestimmen

Seite 191

27 Volumen schätzen und berechnen

verschiedene Lösungen sind möglich
⑤ < ⑥ < ③ < ① = ② < ④
Exaktes Volumen der einzelnen Körper:
① $4\,cm \cdot 6\,cm \cdot 4\,cm = 96\,cm^3$
② $4\,cm \cdot 12\,cm \cdot 2\,cm = 96\,cm^3$
③ $4\,cm \cdot 6\,cm \cdot 2\,cm = 48\,cm^3$ und
$4\,cm \cdot 2\,cm \cdot 4\,cm = 32\,cm^3$
$48\,cm^3 + 32\,cm^3 = 80\,cm^3$

④ $2\,cm \cdot 4\,cm \cdot 18\,cm = 144\,cm^3$
⑤ Man zerlegt den Körper in zwei kleine und zwei große Teilkörper:
$6\,cm \cdot 2\,cm \cdot 1\,cm + 6\,cm \cdot 2\,cm \cdot 1\,cm$
$= 12\,cm^3 + 12\,cm^3 = 24\,cm^3$ und
$4\,cm \cdot 2\,cm \cdot 1\,cm + 4\,cm \cdot 2\,cm \cdot 1\,cm$
$= 8\,cm^3 + 8\,cm^3 = 16\,cm^3$
$24\,cm^3 + 16\,cm^3 = 40\,cm^3$
⑥ Man zerlegt den Körper in drei gleich große Teilkörper mit $2\,cm \cdot 2\,cm \cdot 6\,cm = 24\,cm^3$
Dann rechnet man $3 \cdot 24\,cm^3 = 72\,cm^3$

28 Fehlende Körperlängen berechnen
verschiedene Lösungen sind möglich, z. B.:
① 2 cm, 10 cm und 10 cm, denn $2 \cdot 10 \cdot 10 = 200$
② 2 cm, 4 cm und 25 cm, denn $2 \cdot 4 \cdot 25 = 200$
③ 5 cm, 5 cm und 8 cm, denn $5 \cdot 5 \cdot 8 = 200$

29 Aquarium auffüllen
a) Volumen: $100\,cm \cdot 60\,cm \cdot 30\,cm$
$= 10\,dm \cdot 6\,dm \cdot 3\,dm = 180\,dm^3$
Es passen 180 Liter in das Aquarium.
b) Nach 18 Gießkannen ist das Aquarium gefüllt, denn $180\,l : 10\,l = 18$.
c) $10\,l \cdot 12 = 120\,l = 120\,dm^3$
$10\,dm \cdot 3\,dm \cdot ■ = 120\,dm^3$
Das Wasser steht 4 dm hoch.

Seite 192

30 Umfang, Flächeninhalt oder Volumen?
a) (1) Umfang, da Länge des Wegs um den See
(2) Flächeninhalt, da Außenfläche des Schiffes
(3) Flächeninhalt, Grundfläche der Wohnung
b) *verschiedene Lösungen sind möglich,* Schätzungen sind individuell:
(1) ca. 64 km
(2) ca. $23\,000\,m^2$
(3) ca. $95\,m^2$

31 Rauminhalte und Flächeninhalte umrechnen
a) Ole stellt sich für einen Quader mit $2000\,cm^3$ einen Quader mit den Seiten 10 cm, 10 cm und 20 cm vor. Die Längenangaben für die Seiten rechnet er in dm um und berechnet anschließend das Volumen des Quaders in dm^3.
b) (1) $5000\,dm^3 = 5\,m^3$,
$5000\,dm^2 = 50\,m^2$,
$5000\,dm = 500\,m$
(2) $25\,m^3 = 25\,000\,dm^3$,
$25\,m^3 = 25\,000\,000\,cm^3$,
$25\,m^3 = 25\,000\,000\,000\,mm^3$
(3) $4000\,dm^3 = 4\,000\,000\,cm^3$,
$4000\,dm^3 = 4\,m^3$,
$4000\,dm^3 = 4000$ Liter
(4) $1\,m^2 = 1\,000\,000\,mm^2$,
$1\,m^2 = ■\,m^3$ ist nicht lösbar
$1\,m^3 = 1000$ Liter

32 „Quadrat" und „Kubik" in jeder Größe
a) (1) $1\,m = 10\,dm$,
$1\,m^2 = 100\,dm^2$,
$1\,m^3 = 1000\,dm^3$
(2) $1\,dm = 10\,cm$,
$1\,dm^2 = 100\,cm^2$,
$1\,dm^3 = 1000\,cm^3$
(3) $1\,cm = 10\,mm$,
$1\,cm^2 = 100\,mm^2$,
$1\,cm^3 = 1000\,mm^3$
b) Bei der Umrechnung von Längen multipliziert man mit 10. Bei der Umrechnung von Flächen mit 100, bei der Umrechnung von Volumen mit 1000.
c) (1) $1\,m^3 = 1000\,dm^3 = 1000$ Liter
$50\,m^3 = 50\,000\,dm^3 = 50\,000$ Liter
(2) 1 Liter $= 1\,dm^3 = 1000\,cm^3$
50 Liter $= 50\,dm^3 = 50\,000\,cm^3$

Seite 193

33 Materialverbrauch bei Verpackungen
a)
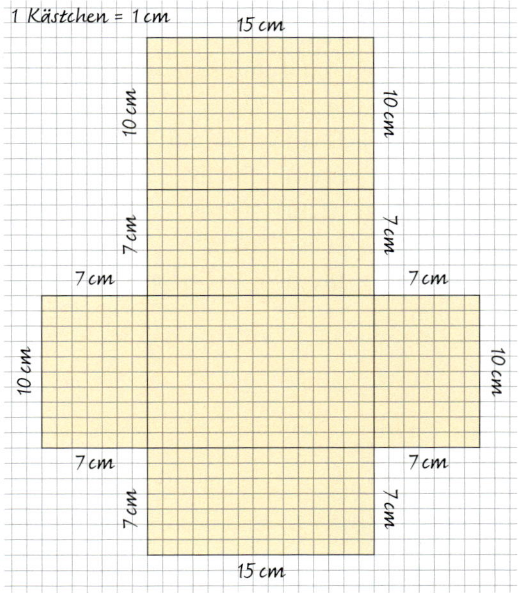

Die Verpackung besteht aus 6 Rechtecken.
b) Die Oberfläche des Körpers beträgt $650\,cm^2$.
$10 \cdot 7 + 10 \cdot 15 + 7 \cdot 15 + 10 \cdot 7 + 10 \cdot 15 + 7 \cdot 15$
$= 650$

34 Innenflächen

verschiedene Lösungen sind möglich

links (Tills Zimmer):

2 Seitenwände mit 3 m Breite und 2,50 m Höhe:

$2 \cdot 2{,}5\,\text{m} \cdot 3\,\text{m} = 15\,\text{m}^2$

2 Seitenwände mit 5 m Breite und 2,50 m Höhe:

$2 \cdot 2{,}5\,\text{m} \cdot 5\,\text{m} = 25\,\text{m}^2$

Decke: $3\,\text{m} \cdot 5\,\text{m} = 15\,\text{m}^2$

Wände und Decke: $15\,\text{m}^2 + 25\,\text{m}^2 + 15\,\text{m}^2 = 55\,\text{m}^2$

zwei Fenster: ca. $2\,\text{m}^2$

eine Tür: ca. $2\,\text{m}^2$

gesamte Streichfläche: $55\,\text{m}^2 - 2\,\text{m}^2 - 2\,\text{m}^2 = 51\,\text{m}^2$

rechts (Merves Zimmer):

Seitenwände:

$8\,\text{m} \cdot 2{,}5\,\text{m} + 3\,\text{m} \cdot 2{,}5\,\text{m} + 5\,\text{m} \cdot 2{,}5\,\text{m} + 3\,\text{m} \cdot 2{,}5\,\text{m} + 3\,\text{m} \cdot 2{,}5\,\text{m} + 6\,\text{m} \cdot 2{,}5\,\text{m} = 84\,\text{m}^2$

Decke:

$5\,\text{m} \cdot 3\,\text{m} + 3\,\text{m} \cdot 6\,\text{m} = 33\,\text{m}^2$

Wände und Decke: $84\,\text{m}^2 + 33\,\text{m}^2 = 117\,\text{m}^2$

drei Fenster: ca. $3\,\text{m}^2$

eine Tür: ca. $2\,\text{m}^2$

gesamte Streichfläche:

$117\,\text{m}^2 - 3\,\text{m}^2 - 2\,\text{m}^2 = 112\,\text{m}^2$

35 Verschiedene Oberflächen berechnen

a) *verschiedene Lösungen sind möglich*

Oberfläche der einzelnen Körper:

① 4 Flächen mit 4 cm Breite und 6 cm Länge:

$4 \cdot 4\,\text{cm} \cdot 6\,\text{cm} = 96\,\text{cm}^2$

2 Flächen mit 4 cm Breite und 4 cm Länge:

$2 \cdot 4\,\text{cm} \cdot 4\,\text{cm} = 32\,\text{cm}^2$

$96\,\text{cm}^2 + 32\,\text{cm}^2 = 128\,\text{cm}^2$

② $2 \cdot 4\,\text{cm} \cdot 12\,\text{cm} = 96\,\text{cm}^2$

$2 \cdot 12\,\text{cm} \cdot 2\,\text{cm} = 48\,\text{cm}^2$

$2 \cdot 2\,\text{cm} \cdot 4\,\text{cm} = 16\,\text{cm}^2$

$96\,\text{cm}^2 + 48\,\text{cm}^2 + 16\,\text{cm}^2 = 160\,\text{cm}^2$

③ $2 \cdot 4\,\text{cm} \cdot 2\,\text{cm} = 16\,\text{cm}^2$

$2 \cdot 6\,\text{cm} \cdot 2\,\text{cm} = 24\,\text{cm}^2$

$2 \cdot 4\,\text{cm} \cdot 2\,\text{cm} = 16\,\text{cm}^2$

$2 \cdot 4\,\text{cm} \cdot 4\,\text{cm} = 32\,\text{cm}^2$

$2 \cdot 4\,\text{cm} \cdot 6\,\text{cm} = 48\,\text{cm}^2$

$16\,\text{cm}^2 + 24\,\text{cm}^2 + 16\,\text{cm}^2 + 32\,\text{cm}^2 + 48\,\text{cm}^2 = 136\,\text{cm}^2$

④ $2 \cdot 2\,\text{cm} \cdot 4\,\text{cm} = 16\,\text{cm}^2$

$2 \cdot 18\,\text{cm} \cdot 4\,\text{cm} = 144\,\text{cm}^2$

$2 \cdot 2\,\text{cm} \cdot 18\,\text{cm} = 72\,\text{cm}^2$

$16\,\text{cm}^2 + 144\,\text{cm}^2 + 72\,\text{cm}^2 = 232\,\text{cm}^2$

⑤ $4 \cdot 6\,\text{cm} \cdot 2\,\text{cm} = 48\,\text{cm}^2$

$4 \cdot 4\,\text{cm} \cdot 2\,\text{cm} = 32\,\text{cm}^2$

vorn und hinten: $2 \cdot 20\,\text{cm}^2 = 40\,\text{cm}^2$

$48\,\text{cm}^2 + 32\,\text{cm}^2 + 40\,\text{cm}^2 = 120\,\text{cm}^2$

⑥ $6 \cdot 2\,\text{cm} \cdot 2\,\text{cm} = 24\,\text{cm}^2$

$4 \cdot 2\,\text{cm} \cdot 6\,\text{cm} = 48\,\text{cm}^2$

$2 \cdot 4\,\text{cm} \cdot 6\,\text{cm} = 48\,\text{cm}^2$

$24\,\text{cm}^2 + 48\,\text{cm}^2 + 48\,\text{cm}^2 = 120\,\text{cm}^2$

36 Rechenwege aufschreiben

a) **(1)** Flächeninhalte des vorderen Rechtecks

(2) Flächeninhalt von Deckel und Boden

(3) Volumen des Quaders

(4) Oberfläche des Quaders

b) **(1)** Flächeninhalt vier Seiten:

$2\,\text{cm} \cdot 7\,\text{cm} + 2\,\text{cm} \cdot 7\,\text{cm} + 5\,\text{cm} \cdot 2\,\text{cm} + 5\,\text{cm} \cdot 2\,\text{cm} = 14\,\text{cm}^2 + 14\,\text{cm}^2 + 10\,\text{cm}^2 + 10\,\text{cm}^2 = 48\,\text{cm}^2$

(2) Umfang größtes Rechteck:

$5\,\text{cm} + 7\,\text{cm} + 5\,\text{cm} + 7\,\text{cm} = 24\,\text{cm}$

(3) Oberfläche ohne Deckel:

$2\,\text{cm} \cdot 7\,\text{cm} + 2\,\text{cm} \cdot 7\,\text{cm} + 5\,\text{cm} \cdot 7\,\text{cm} + 2\,\text{cm} \cdot 5\,\text{cm} + 2\,\text{cm} \cdot 5\,\text{cm} = 14\,\text{cm}^2 + 14\,\text{cm}^2 + 35\,\text{cm}^2 + 10\,\text{cm}^2 + 10\,\text{cm}^2 = 83\,\text{cm}^2$

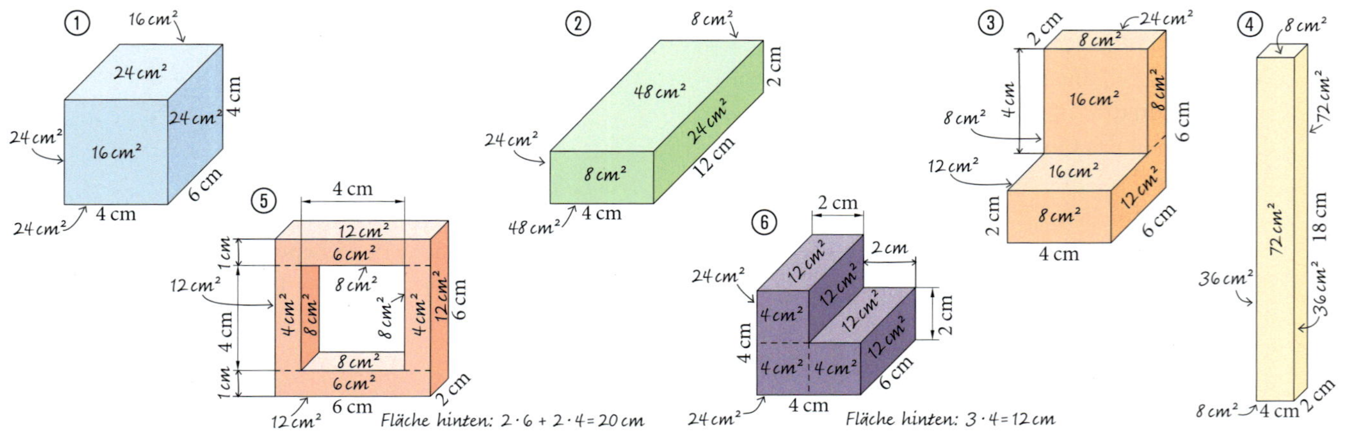

Vertiefen 1 Römische Zahlen lesen und schreiben

Seite 204

1 Römische Zahlen auch heute noch

a) ① Auf der Sonnenuhr stehen Stunden: VII, VIII, IX, X, II, III, IV, V, VI. MM ist die Jahreszahl 2000. Das WW ist keine römische Zahl.
② XII = 12. Monat
③ XLIX = 49, MDXXXIIII = 1534

b) *verschiedene Lösungen sind möglich*
Oft zu finden sind:
I, II, III, IV, V, VI, VII, VIII, IX, X, XI, XII,
für Uhrzeiten und Monate

2 Zahlendreier

(1)	IX 9	X 10	XI 11	CXC 190	CC 200	CCX 210
(2)	XL 40	L 50	LX 60	IV 4	V 5	VI 6
(3)	XC 90	C 100	CX 110	XIX 19	XX 20	XXI 21

3 Reihen von römischen Zahlen

a) links:
(1) II, IV, VI, VIII, **X, XII, XIV,** …
immer + 2, alle geraden Zahlen
(2) V, X, XV, XX, **XXV, XXX, XXXV, …**
immer + 5
(3) I, III, V, VII, IX, **XI, XIII, XV,** …
immer + 2, alle ungeraden Zahlen
(4) X, XX, XXX, XL, **L, LX, LXX,** …
immer +10

rechts:
(1) IV, IX, XIV, XIX, **XXIV, XXIX, XXXIV,** …
immer + 5
(2) I, II, IV, VIII, XVI, **XXXII, LXIV,** …
immer mal 2
(3) I, VI, XVI, LXVI, **CLXVI, DCLXVI,** …
immer das nächstgrößere Zahlzeichen davorsetzen
(4) I, II, VI, VII, XI, XII, **XVI, XVII, XXI, …**
immer abwechselnd + 1 und + 4

b) *verschiedene Lösungen sind möglich*

c) links:
(1) 1, 10, 100, **1000, 10 000, 100 000, 1 000 000, 10 000 000, 100 000 000, 1 000 000 000, 10 000 000 000, 100 000 000 000, 1 000 000 000 000, …**
immer eine Null anhängen
(2) I, X, C, **M, …**
wie (1) nur in römischer Schreibweise, aber Zahlzeichen nur bis M bekannt
(3) I, V, X, L, C, **D, M …**
immer das nächstgrößere Zahlzeichen, aber Zahlzeichen nur bis M bekannt

rechts:
(1) 12, 120, 1200, **12 000, 120 000, 1 200 000, 12 000 000, 120 000 000, 1 200 000 000, 12 000 000 000, 120 000 000 000, 1 200 000 000 000, 12 000 000 000 000, …**
immer eine Null anhängen
(2) II, XX, CC, **MM …**
je Stellenwert das römische Zahlzeichen doppelt notiert, aber Zahlzeichen nur bis M bekannt
(3) VII, LXX, DCC, **…**
immer mal 10, aber Zahlzeichen nur bis M bekannt

Im römischen Zahlensystem ist es viel schwieriger größere Zahlen zu notieren. Man bräuchte immer wieder größere Zeichen.

Seite 205

4 Zeit-Inschriften untersuchen

a) Der Sohn ist 1 + 4 + 1 + 5 = 11 Jahre alt.
Oder, wenn man alle Zeichen einzeln liest:
1 + 1 + 5 + 1 + 5 = 13.

b) Man findet die Buchstaben: VDCIVVLMV.
Das ist keine römische Zahl. Wenn man die Buchstaben sortiert erhält man eine Zahl mit viermal V statt zweimal X.
Das Ergebnis: MDCLVVVVI → 1671

c) *verschiedene Lösungen sind möglich*

5 Zahlenbaukasten

a) (1) Die Zahl IIX ist falsch, es müsste VIII heißen.
(2) Ole hat die Möglichkeit XI übersehen.

b) (1) Es gibt 10 Zahlen:
I, V, X, IV, VI, IX, XI, XV, XIV, XVI
(2) Es gibt 7 Zahlen:
C, M, MC, CM, MM, MMC, MCM
(3) Es gibt 23 Zahlen:
I, II, IX, X, XI, XII, XIX, XX, XXI, XXII, XL, IL, L, LI, LII, LIX, LX, LXI, LXII, LXIX, LXX, LXXI, LXXII

6 Zahlen aus mehreren Zahlzeichen

a) VI besteht aus V und I.
51 besteht auch aus 5 und 1.
VI bedeutet aber $5 + 1 = 6$ und 51 bedeutet $5 \cdot 10 + 1$.
Im römischen Zahlensystem addiert man die Zahlen, in unserem Zahlsystem haben die Zahlen je nach Stelle einen unterschiedlichen Wert.

b) Bei den römischen Zahlen können Zahlen mit mehr Ziffern auch kleiner sein.
Z. B.: VIII < X.

c) *verschiedene Lösungen sind möglich*, z. B.:
XI = 11, I = 1, XX = 20, V = 5, CXI = 111, MMII = 2002, …
kleinste Zahl: I = 1
größte Zahl: MMMD = 3500

7 Streichholzzahlen

(1) XI + V = XVI
X + VI = XVI
(2) VI + III = IX
Merves Trick: Das Buch auf den Kopf stellen:
X = I + IX stimmt wieder
oder: X + I = XI

Vertiefen 2 Zahlensysteme vergleichen

Seite 206

8 Zahlen schreiben

a) *verschiedene Lösungen sind möglich*

b) *verschiedene Lösungen sind möglich*

9 Wettbewerb der Zahlschreibweisen

a) Unser Zahlsystem: 999,
römisch: MMM (oder auch mit größeren Zeichen),
Inka: Drei Knoten an der höchsten Stelle (das kann auch die fünfte oder im Prinzip eine noch höhere sein).
Maya: Ein Strich an jeder Stelle: ☰ =
$5 \cdot 400 + 5 \cdot 20 + 5 = 2105$.

b) Unser Zahlsystem: 1023,
römisch: LXIV
Inka: geht nicht, da es nur ein Zeichen gibt – den Knoten
Maya: geht nicht, da es nur 3 Zeichen gibt: Punkt, Strich, Nullzeichen

c) *verschiedene Lösungen sind möglich*

10 Ziffern vertauschen in verschiedenen Zahlensystemen

a) Eine mögliche Vermutung: Das Ergebnis ist immer 99 oder ein Vielfaches davon.

b) Um von der größeren Zahl zur kleineren zu kommen, muss man einen Hunderter zum Einer machen.
Das bedeutet, die Zahl wird um 99 kleiner.
Der Abstand zwischen den beiden Zahlen ist also 99.

c) Umdrehen darf man nur einige Zahlen
XI-IX, VI-IV, der Unterschied ist dann 2
CX-XC, LX-XL, der Unterschied ist dann 20
usw …

Seite 207

11 Zahlensysteme der Welt im Vergleich

Die Aufgabe ist ein Rechercheauftrag und hat deshalb keine Lösung.

Lösungen der Aufgaben zu den Checklisten

im Schulbuch und Materialblock der *mathewerkstatt* Band 1 (Klasse 5)

Kapitel „Meine Klasse und ich“ (Schulbuch, Seite 30)

Ich kann Daten sammeln (z. B. aus einer Tabelle ablesen), zählen und zusammenfassen.
Die genaue Antwort hängt von deiner Klasse ab.
Die Tabelle für die Strichliste sollte etwa die folgende Form haben:

1,30 m oder kleiner	1,31 m bis 1,40 m	1,41 m bis 1,50 m	1,51 m bis 1,60 m	1,61 m oder größer

Ich kann Anzahlen in einem Säulen- oder Balkendiagramm darstellen.
passendes Säulendiagramm:

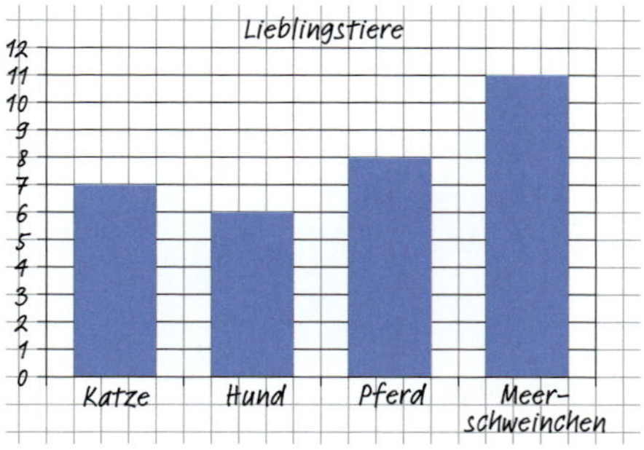

passendes Balkendiagramm:

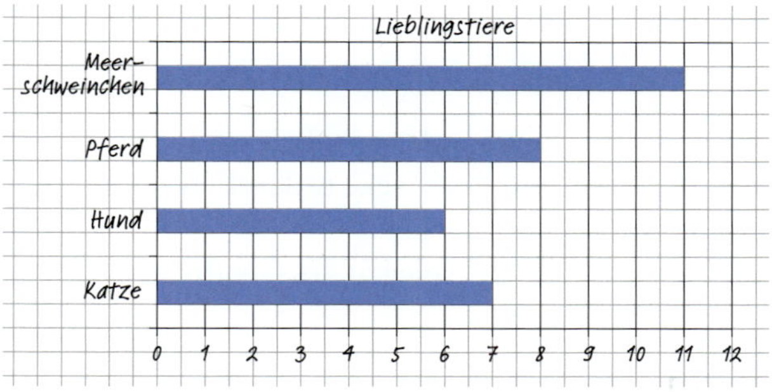

Ich kann Informationen aus Diagrammen ablesen.
Im linken Diagramm kommt der Wert „1–2 km“ am häufigsten vor, im rechten Diagramm auch.
Im linken Diagramm ist der „4–5 km“ am seltensten, im rechten Diagramm der Wert „3-4 km“.
Im linken Diagramm kommt der Wert „2–3 km“ genau 4-mal vor, im rechten Diagramm auch.

Ich kann den Durchschnitt zu gegebenen Daten bestimmen.
Der Durchschnitt der Zahlen 13, 17, 19, 12 und 15 beträgt 15 (Rest 1),
denn 13 + 17 + 19 + 12 + 15 = 76 und 76 : 5 = 15 (Rest 1).
Der Durchschnitt der Zahlen 13, 17, 19, 11 und 15 beträgt 15,
denn 13 + 17 + 19 + 11 + 15 = 75 und 75 : 5 = 15.

Ich kann zu einem gegebenen Datensatz schnell einen ungefähren Durchschnitt schätzen.
Der Durchschnitt beträgt 3,50 €, denn 3,5 liegt genau zwischen 0 und 7 und zwischen 3 und 4.

Ich kann den Zentralwert zu gegebenen Daten bestimmen.
Der Zentralwert der Zahlen 13, 17, 19, 12 und 15 ist die 15,
denn wenn man die Zahlen ordnet (12, 13, 15, 17, 19), dann liegt 15 genau in der Mitte.

Ich kann erklären, was Durchschnitt und Zentralwert bedeuten und was der Unterschied zwischen diesen beiden Mittelwerten ist.
„Der Durchschnitt des Taschengeldes unserer Klasse ist 21 €.“ bedeutet, dass wenn man das Taschengeld aller Kinder der Klasse zusammenlegt und gleichmäßig auf alle Kinder aufteilt, jedes Kind 21 € bekommt.
„Der Zentralwert des Taschengeldes unserer Klasse ist 15 €.“ bedeutet, dass mindestens die Hälfte aller Kinder 15 € oder weniger Taschengeld bekommt und mindestens die Hälfte aller Kinder 15 € oder mehr bekommt.

Ich kann mir zu einer gegebenen Zahl Daten ausdenken, sodass diese Zahl der Durchschnitt oder der Zentralwert der Daten ist.
Beispiele für 4 Zahlen, die den Durchschnitt 6 haben: 1; 2; 10; 11 oder auch 4; 5; 7; 8 oder auch 6; 6; 6; 6.
Beispiele für 4 Zahlen, deren Zentralwert 6 ist: 1; 2; 10; 11 oder auch 4; 5; 7; 8 oder auch 1; 6; 6; 6000.

Kapitel „Verpackungen" (Schulbuch, Seite 64)

Ich kann Flächen erkennen und benennen.
Die abgebildeten Flächen heißen: Kreis; Dreieck; Rechteck; Quadrat; Fünfeck.

Ich kann Körper erkennen und benennen.
Die abgebildeten Körper heißen: Zylinder; Quader; Pyramide; Würfel.

Ich kann Eigenschaften von Körpern und Flächen beschreiben.
Der abgebildete Körper hat 5 Seitenflächen, 6 Ecken und 9 Kanten.
Eine Dreieckspyramide (Pyramide mit dreieckiger Grundfläche) besteht aus 4 Dreiecken.

Ich kann Vor- und Nachteile von Formen benennen, z. B. für Verpackungen.
Die meisten Verpackungen sind Quader, weil man Quader gut aus Pappe bauen und gut stapeln kann.

Ich kann zueinander parallele und zueinander senkrechte Linien in meiner Umgebung finden.
Alle roten Linien im Bild sind zueinander parallel und
alle grünen Linien im Bild sind zueinander parallel.
Immer zwei benachbarte Linien sind zueinander senkrecht.

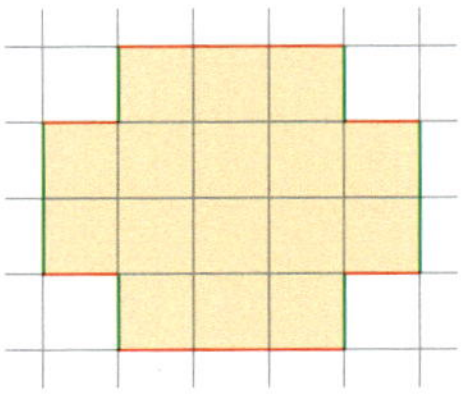

Ich kann mit dem Geodreieck zueinander parallele und zueinander senkrechte Linien und Rechtecke ordentlich zeichnen.
Hier kann keine Lösung vorgegeben werden.
Achte beim Zeichnen auf das richtige Anlegen des Geodreiecks.

Ich kann einen Körper aus einem Bastelbogen herstellen und dabei ganz genau arbeiten.
Es gibt viele verschiedene Möglichkeiten, einen Bastelbogen für einen Quader zu zeichnen.
Prüfe am zusammengebauten Quader, ob du richtig gearbeitet hast.

Ich kann das Netz eines Körpers zeichnen.
Es gibt mehrere Möglichkeiten, das Netz eines Würfels zu zeichnen.
Ein Beispiel ist hier abgebildet.
Alle Strecken in deinem Bild müssen 3 cm lang sein.

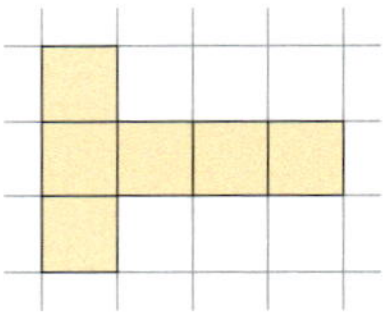

Wenn ich ein Netz sehe, kann ich mir in Gedanken vorstellen, wie der Körper dazu aussieht oder ob gar kein Körper daraus entstehen kann.
Das abgebildete Netz gehört zu einer Dreieckspyramide, bei der alle Seitenflächen gleich groß sind.
Einen solchen Körper nennt man auch Tetraeder.

Ich kann das Schrägbild eines Körpers zeichnen.
Achte beim Zeichnen darauf, dass die nach hinten laufenden Kanten
Schräg durch drei Kästchen laufen.

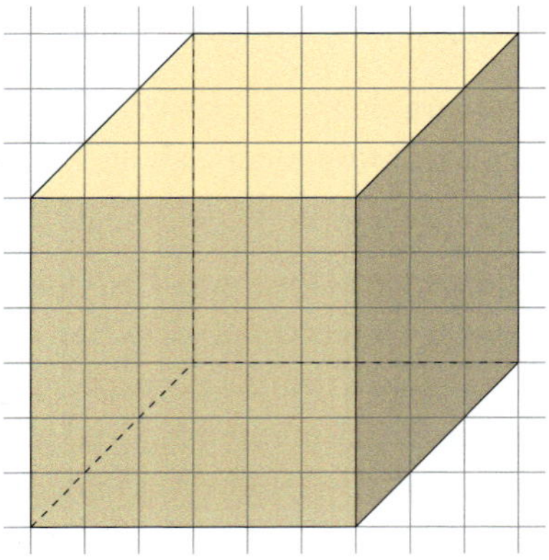

Kapitel „Zwerge und Riesen im Tierreich" (Schulbuch, Seite 94)

**Ich kann Menschen, Tiere, Dinge miteinander vergleichen,
ohne dass sie nebeneinander stehen.**
Beispiel: Deine Freundin wiegt ihren Hund, du wiegst deinen Hund und ihr vergleicht die Zahlenwerte.
Beispiel: Du misst die Höhe deines Zimmers und die Höhe des Schrankes. Wenn die Höhe des Schrankes kleiner als die Höhe des Zimmers ist, passt der Schrank ins Zimmer.

Ich kenne verschiedene Größen und kann Größen an Skalen ablesen.
Die Banane ist etwa 16 cm lang (abgesehen von der Krümmung).
Die Person wiegt 52 kg.
Die Temperatur beträgt 17 °C.

**Ich kenne verschiedene Einheiten für Längen und Gewichte
und kann Beispiele nennen für Dinge, die so lang und so schwer sind.**
Beispiel: Eine Ameise ist etwa 1 mm breit. Ein Fingernagel ist etwa 1 cm breit. Eine Postkarte ist etwa 1 dm hoch. Eine Seite eine Schultafel ist etwa 1 m breit.
Beispiel: Eine Tüte Bonbons wiegt etwa 100 g. Eine Packung Milch wiegt 1 kg. Ein voller Wassereimer wiegt etwa 10 kg. Ein Auto wiegt etwa 1 t.

Ich kann von vertrauten Dingen die Länge und das Gewicht schätzen.
Ein normales Auto ist etwa 3 bis 4 Meter lang und etwa 1,50 Meter breit.
Eine Wohnungstür ist etwa 2 Meter hoch.
Ein 200 Seiten dickes Buch wiegt etwa 500 Gramm.
Eine Literpackung Milch wiegt etwa 1 Kilogramm.

Ich kann eine Längen- oder eine Gewichtsangabe von einer Einheit in eine andere Einheit umrechnen.
8800 m = 8,8 km = 880 000 cm = 8 800 000 mm
297 mm = 29,7 cm
270 cm = 2,7 t = 27 dm = 2700 mm
20 000 kg = 20 t = 20 000 000 g
8500 g = 8,5 kg
2 t = 2000 kg = 2 000 000 g

Ich kann mit Größen rechnen, die verschiedene Einheiten haben.
10 dm + 1,5 m + 100 cm = 100 cm + 150 cm + 100 cm = 350 cm
oder 10 dm + 1,5 m + 100 cm = 1 m + 1,5 m + 1 m = 3,5 m
1 t + 500 kg + 1000 g = 1000 kg + 500 kg + 1 kg = 1501 kg
oder 1 t + 500 kg + 1000 g = 1 000 000 g + 500 000 g + 1000 g = 1 501 000 g

Kapitel „Essen und Trinken“ (Schulbuch, Seite 118)

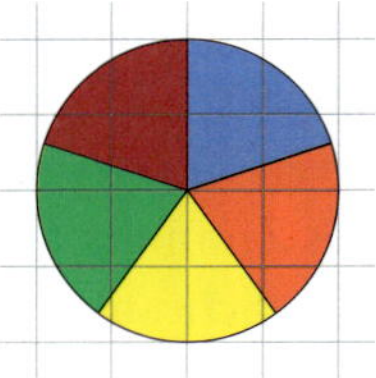

Ich kann ein Ganzes in gleiche Teile ohne Rest teilen.
Jeder bekommt ein Fünftel der Pizza.

Ich kann mehrere Ganze in gleiche Teile ohne Rest teilen.
Es gibt zwei Möglichkeiten:
Entweder ich teile jeden der beiden Kuchen in 6 gleiche Stücke und jeder bekommt von jedem Kuchen ein Sechstel oder die beiden Kuchen sind gleich und ich teile jeden Kuchen in 3 gleiche Stücke, dann bekommt jeder ein Drittel eines Kuchens.

Ich kann Beispiele nennen, bei denen ein Bruch die Größe eines Anteils beschreibt.
Beispiel: Wenn ein KiBa-Saft aus 3 Teilen Kirschsaft besteht und aus einem Teil Bananensaft, dann ist der Anteil des Kirschsaftes am KiBa gleich $\frac{3}{4}$.

Ich kann zu einer Verteilungssituation, einem Bruch-Bild oder einer Mischung den passenden Bruch angeben.
Zur roten Fläche im Bild gehört der Bruch $\frac{1}{4}$.

Ich kann die Größe eines Bruches in einem Bild darstellen.
Es gibt viele Möglichkeiten die Brüche $\frac{2}{3}$ und $\frac{1}{4}$ in einem Kreis und in einem Rechteck darzustellen.
Beispiel: $\frac{2}{3}$

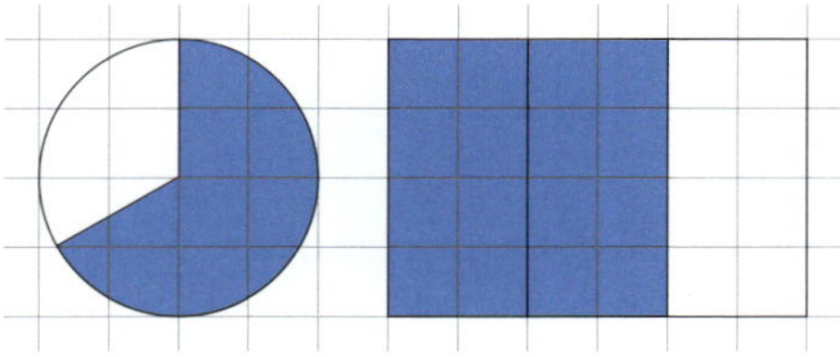

$\frac{1}{4}$

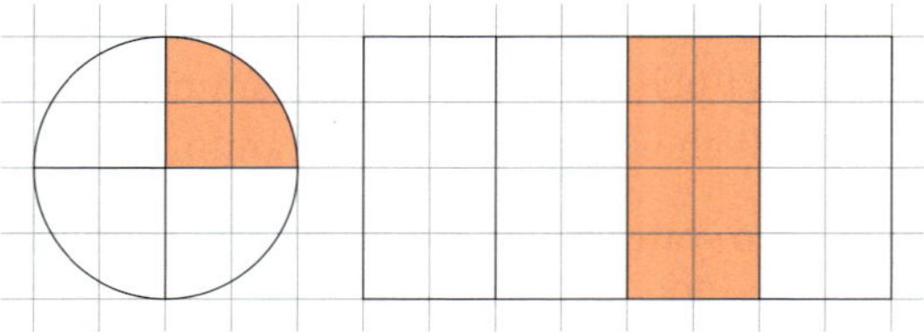

Ich kann einen Anteil zu einem Ganzen ergänzen.
Das Ganze ist dann aus vier solchen Rechtecken zusammengesetzt.

Ich kann einfache Brüche (z. B. mit einer 1 im Zähler) der Größe nach sortieren.
$\frac{1}{2} > \frac{1}{11}$ und $\frac{1}{5} < \frac{1}{3}$

Ich kann Verhältnisse darstellen, z. B. in Mischungen, mir farbigen Steinen oder mit Bildern.
Beispiel:

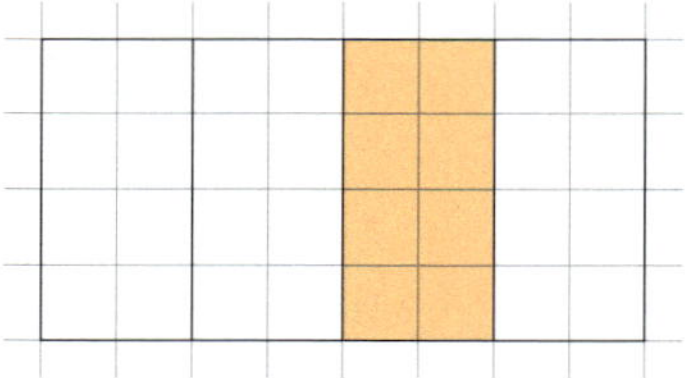

Ich kann Beispiel angeben für Verhältnisse.
Beispiel für „1 zu 3“: In einem Beutel befinden sich 4 Kugeln, eine rote und drei blaue.
Beispiel für „2 zu 2“: Zwei Kinder teilen eine Pizza in vier Teile, jedes Kind bekommt zwei davon.

Ich kann gleiche Verhältnisse (z. B. gleiche Mischungen) alleine an den Zahlen erkennen.
Die Verhältnisse „1 zu 3“ und „3 zu 9“ sind gleich.

Ich kann Verhältnisse in Brüche umrechnen.
Der Anteil des Wassers an der Apfelsaftschorle beträgt $\frac{2}{5}$.

Kapitel „Kunstwerke“ (Schulbuch, Seite 142)

Ich kann erkennen, ob ein Bild spiegelsymmetrisch ist und angeben, wie viele Spiegelachsen ein Bild hat.
Das linke Bild ist wegen der Farbverteilung nicht spiegelsymmetrisch.
Das rechte Bild ist spiegelsymmetrisch, es hat 4 Spiegelachsen.

Ich kann Figuren an geraden Linien spiegeln.

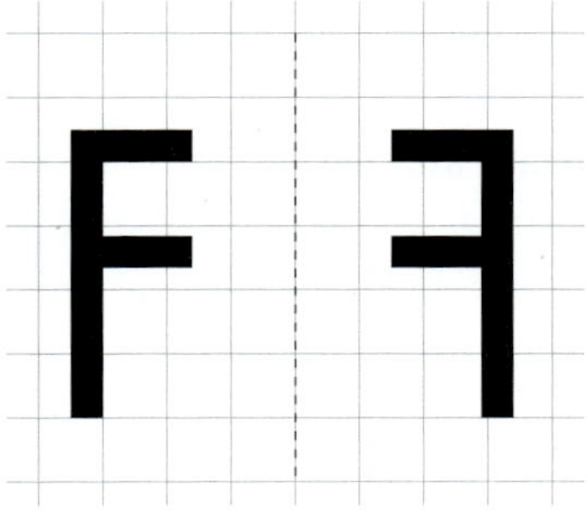

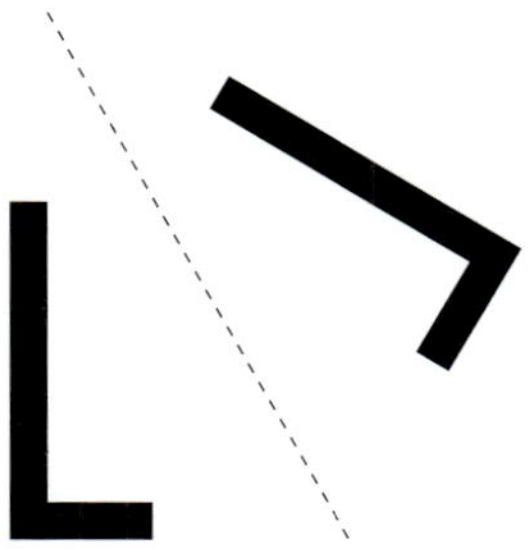

Ich kann Verschiebungen erkennen.
Beispiel:

Ich kann Verschiebungen zeichnen.

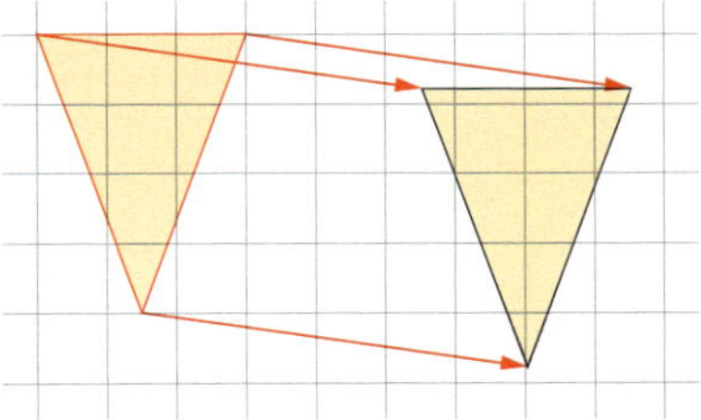

Ich kann erkennen, ob ein Bild drehsymmetrisch ist und den Drehpunkt angeben.
Das mittlere Bild ist wegen der Farbverteilung nicht drehsymmetrisch.
Das linke und das rechte Bild sind drehsymmetrisch. Der Drehpunkt liegt jeweils in der Mitte der Figur.
Beide drehsymmetrischen Figuren bestehen aus jeweils vier gleichen Teilen.

Ich kann fast spiegelsymmetrische Figuren so abändern, dass sie spiegelsymmetrisch sind.
Beispiel: Wenn man alle weißen Flächen dieser Figur dunkelblau färben würde, dann wäre sie spiegelsymmetrisch mit zwei Spiegelachsen.

Ich weiß, dass Kreise sowohl spiegel- als auch drehsymmetrisch sind und weiß, worauf man beim Zeichnen von Kreisen achten muss.
Beispiel: Es gibt viele mögliche Lösungen.
Benutze zum Zeichnen einen Zirkel und achte darauf, dass die Zirkelspitze für beide Kreise an der gleichen Stelle einsticht.

Ich kann spiegel- und drehsymmetrische Bilder aus verschiedenen Kreisen zeichnen.
Beispiel:

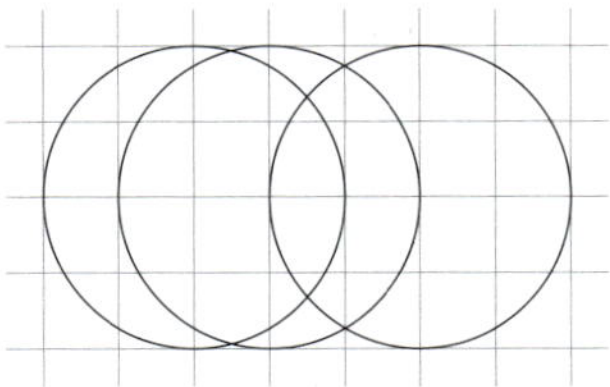

Kapitel „Leistungen im Sport“ (Schulbuch, Seite 166)

Ich kann Dezimalzahlen an einem Zahlenstrahl ablesen.
7 min und 42,8 s

Ich kann erklären, wie man einen Zahlenstrahl verfeinert, um eine Dezimalzahl darauf einzuzeichnen.
Der Abschnitt des Zahlenstrahls zwischen 1,5 und 1,6 muss in 10 gleiche Teile geteilt werden (also 9 Striche müssen im gleichen Abstand eingefügt werden). Die neuen Striche stehen für die Hundertstel der Dezimalzahl.
Am dritten Hundertstelstrich nach 1,5 steht die 1,53.

Ich kann erklären, wie eine Stellentafel aufgebaut ist und wie man Dezimalzahlen einträgt und liest.

	Z	E	z	h
(1)	1	2	2	
(2)	1	2	0	2
(3)	1	2	2	0
(4)	1	2	0	3
(5)	1	2	3	
(6)	1	2	3	3
(7)	1	2	3	0

Ich kann die Stellen einer Dezimalzahl als Zehntel, Hundertstel und Tausendstel angeben.
(1) 12,03: 1 Zehner, 2 Einer, 3 Hundertstel
(2) 12,3: 1 Zehner, 2 Einer, 3 Zehntel
(3) 12,33: 1 Zehner, 2 Einer, 3 Zehntel, 3 Hundertstel
(4) 12,30: 1 Zehner, 2 Einer, 3 Zehntel

Ich kann Dezimalzahlen nach ihrer Größe vergleichen.
$0{,}1 < 0{,}102 < 0{,}12 = 0{,}120 < 0{,}2 < 0{,}201 < 0{,}21$

Ich kann einfache Dezimalzahlen im Kopf addieren und subtrahieren.
$1{,}5 + 3{,}05 = 4{,}55$
$4{,}7 - 4{,}05 = 0{,}65$

Ich kann Dezimalzahlen schriftlich addieren und subtrahieren.

$$\begin{array}{lr} & 123{,}45 \\ + & 0{,}01 \\ + & 22{,}5 \\ \hline & 145{,}96 \end{array} \qquad \begin{array}{lr} & 3{,}43 \\ - & 0{,}5 \\ \hline & 2{,}93 \end{array}$$

Ich kann Dezimalzahlen runden und Rechnungen mit Dezimalzahlen überschlagen.
$1{,}72 \approx 1{,}7$ und $0{,}19 \approx 0{,}2$ und $3{,}49 \approx 3{,}5$
$1{,}72 + 0{,}19 + 3{,}49 \approx 1{,}7 + 0{,}2 + 3{,}5 = 5{,}4$

Ich kann in einem Text Informationen zur Beantwortung einer Frage finden.
Die Aufgabe bezieht sich auf den Text zu Aufgabe 7 auf Seite 150.

Als Weltrekord wurde die Zeit 44,9 Sekunden anerkannt.
Zwei Zeitnehmer stoppten per Hand 44,93 Sekunden. Der Unterschied zum Weltrekord beträgt 0,03 Sekunden.
Der dritte Zeitnehmer stoppte 44,95 Sekunden. Der Unterschied zum Weltrekord beträgt 0,05 Sekunden.
Elektronisch wurden 45,08 Sekunden gestoppt. Der Unterschied zum Weltrekord beträgt 0,18 Sekunden.

Kapitel „Lebensraum Zoo" (Schulbuch, Seite 194)

Ich kann durch Übereinanderlegen, Auslegen oder Zerlegen entscheiden, welche Fläche größer ist.
Die Flächen ① und ② sind gleich groß, Fläche ③ ist kleiner.

Ich kann den Flächeninhalt eines Rechtecks in Quadratmeter und in Quadratzentimeter bestimmen.
Die Fläche hat $6\,m^2$.
Die Fläche hat $60\,000\,cm^2$.
Es gibt viele Möglichkeiten ein Rechteck mit dem Flächeninhalt $20\,cm^2$ zu zeichnen,
z. B. eines mit einer Länge von 10 cm und einer Breite von 2 cm.

Ich kann Flächeninhalte von zusammengesetzten Flächen durch Ergänzen und Zerlegen bestimmen.
Figur ① hat einen Flächeninhalt von $26\,cm^2$.
Figur ② hat einen Flächeninhalt von $30\,cm^2$.

Ich kenne verschiedene Flächeneinheiten und kann sie ineinander umrechnen.
Quadratmillimeter, z. B. 1 Kästchen im Millimeterpapier
Quadratzentimeter, z. B. Daumennagel
Quadratdezimeter, z. B. CD-Hülle
Quadratmeter, z. B. Fläche einer Tafelseite
(1) $2\,m^2 = 20\,000\,cm^2$
(2) $10\,000\,cm^2 = 1\,m^2$
(3) $6\,m^2 = 60\,000\,cm^2$

Ich kann den Rauminhalt (das Volumen) eines Quaders bestimmen, indem ich mir vorstelle, den Körper in kleine Würfel zu zerlegen.
Ein Würfel mit 2 cm Kantenlänge enthält 8 Kubikzentimeter.
Ein Zimmer von $20\,m^3$ könnte z. B. 2 m hoch, 2 m breit und 5 m lang sein.

Ich kenne verschiedene Volumeneinheiten und kann sie ineinander umrechnen.
Ein Kubikmeter sind 1000 Liter.
In 50 Kubikmeter passen 50 000 Liter.

Ich kann den Inhalt der Oberfläche eines Quaders berechnen.
Die Kiste ist schätzungsweise 90 cm lang, 60 cm breit und 60 cm hoch.
Wenn man alle Außenflächen zusammenzählt ergeben sich $2340\,cm^2$.
Wenn man berücksichtigt, dass sich am Boden etwa $360\,cm^2$ Pappe überlappen, ergeben sich $2700\,cm^2$.

Kapitel „Alte und neue Zahlen“ (Schulbuch, Seite 208)

Ich kann römische Zahlzeichen in Inschriften erkennen.
M; V (3x); DIV; IC; L; ; I

Ich kann römische Zahlen in unsere Schreibweise übersetzen.
MDCCCXXVII bedeutet 1827

Ich kann einfache Zahlen mit römischen Zahlzeichen schreiben.
V; X; XV; XX; XXV; XXX; XXXV; XL; XLV; L

Ich kenne Gemeinsamkeiten und Unterschiede zwischen unserem und dem römischen Zahlensystem.
Die Zahl 15 besteht aus den Ziffern 1 und 5.
Auch die römische Zahl IV besteht aus den Ziffern I (=1) und V (=5).
Die Bedeutung der Ziffern ist aber unterschiedlich:
Unser Zahlensystem ist ein Stellenwertsystem, 15 steht für 1 Zehner und 5 Einer.
Im römischen Zahlensystem werden die einzelnen Ziffern addiert oder wenn eine kleinere vor einer größeren Ziffer steht subtrahiert. IV bedeutet deswegen 5 – 1 = 4.

Ich kann erklären, warum unsere heutige Schreibweise für große Zahlen praktischer ist als die römische Schreibweise.
In unserem Stellewertsystem genügen 10 Ziffern um beliebig große Zahlen darzustellen.
Am Beispiel 12; 120; 1200; 12000 … kann man erkennen, dass durch Anhängen von weiteren Nullen, die Zahl immer größer wird.
Im römischen Zahlensystem müssen immer wieder neue Zeichen hinzukommen, um größere Zahlen darzustellen.
Mit den Ziffern, die wir in diesem Kapitel kennengelernt haben kommen wir höchstens bis MMMDCCCLXXXVIII (= 3888).

Ich kann erklären, warum die Null eine hilfreiche Erfindung ist.
Ohne Null kann ein Stellenwertsystem nicht funktionieren, denn sonst konnte man z. B. 12 und 102 und 1002 nicht unterscheiden.